Martin Stangl

Obstbäume schneiden und veredeln

Gärtnern leicht und richtig

Martin Stangl

Obstbäume schneiden und veredeln

BLV

Die Deutsche Bibliothek –
CIP-Einheitsaufnahme

Stangl, Martin:
Obstbäume schneiden und veredeln /
Martin Stangl. – München;
Wien; Zürich; BLV, 1992
(Gärtnern leicht und richtig)
ISBN 3-405-14244-X
NE: HST

Bildnachweis:

Alle Photos vom Autor, außer:
Mühl 96, 98

Grafiken: Marlene Gemke

Umschlaggestaltung:
Studio Schübel, München

Umschlagfotos: Martin Stangl

BLV Verlagsgesellschaft mbH
München Wien Zürich
8000 München 40

Lektorat: Barbara Kiesewetter
Layout: Anton Walter, Gundelfingen
Herstellung: Ernst Großkopf
Satz: Weihrauch, Würzburg
Druck: Appl, Wemding
Bindung: Auer, Donauwörth

Printed in Germany
ISBN 3-405-14244-X

INHALTSÜBERSICHT

Warum Obstbäume schneiden?

Kann man Obstbäume nicht frei wachsen lassen, so wie andere Gehölze in der freien Natur? Sicher, man kann. Bäume, die nicht geschnitten werden, tragen meist sogar früher, manchmal schon im Jahr nach der Pflanzung. Doch die Kehrseite der Medaille macht sich rasch bemerkbar: Solche Bäume erschöpfen sich bald unter der Last der Früchte, die Triebe hängen nach unten, der Neutrieb bleibt schwach, es entsteht eine zu dichte Krone, Blätter und Früchte werden stark von Pilzkrankheiten befallen.
Durch richtigen Schnitt, von der Pflanzung an, bleibt der Baum dagegen zeitlebens licht. In einer gut aufgebauten Krone entwickelt sich das Fruchtholz entlang des Stammes und der Äste bis unten hin und nicht nur weit oben wie bei einem ungeschnittenen Obstbaum.
Nicht geschnittene Bäume tragen dagegen meist recht unregelmäßig. In dem einen Jahr gibt es eine Massenernte, man weiß nicht wohin mit dem vielen Obst, in dem darauffolgenden vielfach überhaupt nichts.
Hinzu kommt, daß in nicht geschnittenen Bäumen die Früchte klein bleiben; sie bekommen wegen des Schattens wenig Farbe, schmecken säuerlich und sind ärmer an wertvollen Inhaltsstoffen als Früchte, die sich in vollem Sonnenlicht entwickeln konnten.

Bäume ohne Schnitt wachsen vielfach zu sehr in die Höhe. Alle Pflegemaßnahmen werden dadurch erschwert, vor allem die Ernte. Wir brauchen dazu eine hohe Leiter, die Arbeit wird gefährlich. Sollte eine Pflanzenschutzmaßnahme nötig werden, so ist diese bei einer hohen Krone im Haus- und Kleingarten kaum durchführbar, zumal solch ein Baum auch so dicht ist, daß Blätter und Früchte nicht gleichmäßig benetzt werden können.
Und damit kommen wir zu einem wichtigen Punkt, der ebenfalls für den Obstbaumschnitt spricht. Richtig geschnittene Bäume bleiben sichtbar gesünder als unbehandelte oder anders gesagt: Zu dichte Baumkronen werden stärker von Pilzkrankheiten befallen als licht gehaltene. Grund: Die Blätter

Obstbaumschnitt in der Praxis. Besuchen Sie im Winter einen Kurs, damit Sie sicher werden.

In dichten Baumkronen kommt es zu starkem Pilzbefall: Hier Schorf an einem Apfelbaum.

bleiben nach Regenfällen länger feucht; nachdem aber auch die mikroskopisch kleinen Pilze zu ihrer Entwicklung Wärme und Feuchtigkeit benötigen, ähnlich wie die Waldpilze, kommt es in dichten Kronen zu starkem Befall durch Pilzkrankheiten (Schorf u.a.). Obstbaumschnitt fördert also die Fruchtqualität und gesundes Blattwerk, er ist vorbeugender Pflanzenschutz. Neben Sortenwahl, ausreichenden Pflanzabständen und einigen Pflegearbeiten trägt der richtige Schnitt entscheidend dazu bei, daß unsere Obstbäume auch ohne bzw. mit nur wenigen Spritzungen weitgehend gesund bleiben.

Trotz all der genannten Vorzüge wäre es aber falsch, Wunder zu erwarten. Wir müssen den Schnitt als eine zwar sehr wichtige Arbeit im Obstgarten sehen, aber als eine unter anderen. Pflanzen wir z.B. eine sehr schorfempfindliche Sorte, so wird auch ein gekonnter Schnitt nicht ganz verhindern, daß Blätter und Früchte Schorfflecken bekommen.

Das gleiche gilt, wenn Obstbäume zu eng gepflanzt werden. Sie suchen dann nach Licht, wachsen trotz Schnitt in die Höhe und werden unter Pilzkrankheiten zu leiden haben. Auch der Ertrag wird durch den Schnitt nicht erhöht, wie manchmal angenommen wird. Das Gegenteil trifft zu. Was allerdings die Fruchtqualität anbetrifft – und auf diese kommt es uns an – so wird diese ganz entscheidend verbessert. Mancher Gartenfreund meint, zu stark wachsende Bäume bremsen zu können, indem er Triebe und Äste einkürzt und ist dann enttäuscht, wenn diese um so stärker austreiben. Rückschnitt ist in diesem Fall der falsche Weg. Eine dauerhafte Lösung gibt es vielfach nur, wenn jeder zweite der zu eng gepflanzten Bäume gerodet bzw. ein Teil der Wurzeln abgestochen und die Äste nicht kräftig zurückgeschnitten, sondern die gesamte Krone ausgelichtet und die verbleibenden Äste möglichst auf waagrechte Triebe zurückgesetzt werden. Doch damit sind wir schon mitten im Thema.

Noch ein Tip: Besuchen Sie im Winter einen Kurs über Obstbaumschnitt, Sie werden dann die folgenden Seiten noch besser verstehen und sicherer werden im Umgang mit Obstbäumen. Solche Kurse werden von Volkshochschulen, Obst- und Gartenbauvereinen sowie Siedler- und Kleingärtnervereinen veranstaltet.

In lichten Baumkronen bleiben die Früchte weitgehend gesund, Farbe und Aroma werden verbessert. Deshalb Erziehungsschnitt durchführen und ältere, zu dichte Kronen auslichten.

Gesetzmäßigkeiten für den Obstbaumschnitt

Obwohl sich jeder Obstbaum anders entwickelt, also einmalig ist, gibt es doch Gesetzmäßigkeiten, die für alle Obstarten und Baumformen zutreffen. Wir sollten sie kennen, bevor wir mit der Arbeit beginnen, denn der Schnitt ist nur dann richtig, wenn er diesen Wachstumsgesetzen nicht zuwiderläuft.

Zumindest eines davon ist uns allen bekannt: Das Streben jeder Pflanze nach Licht. Triebe, die zuwenig Licht bekommen, verkümmern einschließlich der daran befindlichen Blätter und Früchte.

Spitzenförderung

Immer treibt die Knospe am stärksten und steilsten aus, die sich an der höchsten Stelle eines Triebes befindet. Die Neutriebbildung ist deshalb im oberen Teil eines aufrechtstehenden Triebes am stärksten. Tiefer stehende Triebe, besonders im unteren Teil der Krone, bekommen weniger Licht und Nährstoffe; sie verkümmern allmählich und bringen Früchte von schlechter Qualität.

Oberseitenförderung

Bei einem waagrechten Trieb sind dagegen die Knospen auf der Oberseite begünstigt. Auf der ganzen Länge des Triebes bilden sich nach oben gerichtete, schwache, kurze Triebe, die oft bald zu Fruchtholz werden und Blütenknospen ansetzen. Diese Gesetzmäßigkeit nützen wir aus und binden in jungen Kronen all die Triebe waagrecht, die zum Kronenaufbau nicht benötigt werden. So

Waagrechte Triebe neigen zur Fruchtbarkeit (rot), mehr senkrecht stehende zu Neutrieb.

Kräftiger Rückschnitt hat kräftigen (1), schwacher Rückschnitt hat schwachen Austrieb (2) zur Folge. (3) = Umkehrung dieser Gesetzmäßigkeit.

gibt es rasch die ersten Früchte. An der Spitze wächst ein in waagrechter Stellung befindlicher Trieb dagegen nur geringfügig weiter.

Scheitelpunktförderung

Unter Last eines reichen Fruchtbehangs biegen sich Triebe oder Äste meist stark nach unten. Am höchsten Punkt des Astes, also an dessen Scheitel, bilden sich Jungtriebe. Wir können sie zur Verjüngung des Fruchtastes verwenden, d.h. wir setzen den abgetragenen Ast auf einen dieser Triebe ab. Nur wenn solche Jungtriebe zu kräftig entwickelt sind, sollte man sie bis auf einen an der Ansatzstelle wegschneiden.

Reaktion des Baumes auf den Schnitt

Durch einen starken Rückschnitt von Trieben und Ästen bleibt nur eine verhältnismäßig geringe Zahl von Knospen übrig; es entstehen dann wenige, aber kräftige neue Triebe. Diese Gesetzmäßigkeit machen wir uns beim Pflanzschnitt sowie beim Verjüngen älterer Obstbäume zunutze Auf einen schwachen Rückschnitt reagiert der Baum dagegen mit vielen, dafür aber verhältnismäßig schwachen neuen Trieben. Mit anderen Worten: Schwacher Rückschnitt fördert die Bildung von Fruchtholz und verhindert die Entwicklung starker Holztriebe. Eine Umkehrung dieser Gesetzmäßigkeit tritt ein, wenn wir innerhalb derselben Krone einen Teil der Zweige stark, den anderen Teil dagegen schwach zurückschneiden. In diesem Fall überwiegt die Spitzenförderung: Die Triebe des schwach zurückgeschnittenen Kronenteils werden – weil länger – auf Kosten des stark zurückgeschnittenen im Wuchs gefördert.

Die Schnittgesetze in der Praxis

Welche Bedeutung diese Gesetzmäßigkeiten für die praktische Arbeit haben, davon mehr in den folgenden Abschnitten.
Hier nur soviel: Beim Aufbau einer jungen Baumkrone schneiden wir nur die Stammverlängerung sowie die Verlängerungen von Leit- und Seitenästen zurück. Alle übrigen Triebe werden entweder an der Ansatzstelle ganz entfernt oder unbehandelt belassen. Durch den Rückschnitt der oben genannten Triebe wird die Neutriebbildung unterhalb der Schnittstelle angeregt.
Wir erreichen durch richtigen Rückschnitt eine kräftige Fortsetzung der Stammverlängerung, der Leit- und Seitenäste sowie einen schwächeren Austrieb (Fruchtholz) der übrigen Knospen. Durch den Rückschnitt von Stammverlängerung, Leit- und Seitenästen in den ersten Jahren nach der Pflanzung entsteht ein kräftiges Kronengerüst, das in der Lage ist, später einmal den Fruchtbehang ohne Stützen zu tragen, außerdem können wir dadurch erreichen, daß der Baum nicht zu sehr in die Höhe sondern mehr in die Breite wächst.

Verschiedene Äste und Triebe

Damit die Fachausdrücke auf den folgenden Seiten jedem verständlich sind, sollen sie hier kurz erklärt werden. Auch ist es wichtig, den Unterschied zwischen Fruchtholz und Holztrieben zu kennen, da sonst beim Schnitt allzuleicht das Falsche entfernt wird und wir vergeblich auf eine Ernte warten.
Der junge Obstbaum, so wie wir ihn in der Baumschule kaufen, besteht aus einem Stamm und mehreren Trieben. Die Stammhöhe wird bereits in der Baumschule festgelegt, wir können wählen zwischen Hochstamm, Halbstamm usw. Nach der Pflanzung im Garten beginnt der zweckmäßige Aufbau der jungen Krone, wobei wir bei fast allen Obstarten und Baumformen die Pyramidenkrone bevorzugen. Sie ist naturgemäß und sieht hübscher aus als etwa eine Hohlkrone.

Kronengerüst

Beginnend mit dem Pflanzschnitt bauen wir ein kräftiges Kronengerüst auf. Es besteht aus der Mitte, also Stamm bzw. Stammverlängerung, 3–4 Leitästen und einigen Seitenästen, die wir locker gestreut an den Leitästen entstehen lassen. Entlang dieser kräftigen Teile kommt es bei richtigem Schnitt zur Bildung von Fruchtästen und kurzem Fruchtholz.

Fruchtholz

Am meist kurzen Fruchtholz befinden sich Blütenknospen. Dies gilt für Apfel und Birne, während bei vielen Steinobstarten Blatt- und Blütenknospen gemeinsam auch auf längeren einjährigen Trieben sitzen. Auch bei einigen Apfelsorten wie 'Golden Delicious', 'Jonagold',

Zum Aufbau einer Baumkrone genügen 3–4 Leitäste, die hier in einem stumpfen Winkel gut am Stamm verankert sind.

'James Grieve', 'Prinz Albrecht von Preußen' u.a. können wir dies beobachten. Das Fruchtholz unterteilt man in:

Fruchtruten: schwache, 10–30 cm lange Triebe, die beim Kernobst zunächst nur an den Spitzen Blüten und Früchte bilden. Darauf sollte z.B. beim Formbaumschnitt Rücksicht genommen werden.

Oben und rechts: Frucht- und Ringelspieße an zweijährigen Trieben (Apfel). Unten: Einige Sorten wie 'Elstar' blühen bereits am einjährigen Holz.

Fruchtspieße: nur etwa 5–10 cm lange Triebe an deren Ende sich meist eine Blütenknospe befindet. Eine eventuell vorhandene Blattknospe verwandelt sich früher oder später in eine Blütenknospe.

Ringelspieße: sehr kurze, meist weniger als 5 cm lange Triebe, die jedes Jahr nur geringfügig wachsen und deshalb geringelt erscheinen. Im Sommer befindet sich am Ende eines solchen Spießes eine Blattrosette, bestehend aus 3–8 Blättern. Die Endknospe entwickelt sich wie beim Fruchtspieß bei günstigen Ernährungsverhältnissen schon im ersten Jahr zu einer Blütenknospe. Zu dicht stehendes Fruchtholz an älteren Bäumen auslichten oder verjüngen! Dadurch Neutrieb und bessere Fruchtqualität.

Fruchtkuchen: mehr oder weniger stark ausgeprägte Verdikkungen. Sie entstehen an der Stelle, an der die Fruchtstiele am Fruchtholz gehangen haben, sind also keine krankhafte Erscheinung. Auf den Fruchtkuchen bilden sich bevorzugt wieder neue Blütenknospen.

Fruchtholz beim Steinobst

Beim Steinobst bilden sich Blütenknospen bevorzugt an einjährigen Trieben, die Endknospe ist jedoch stets eine Holzknospe. Besonders bei Sauerkirschen und Pfirsichen sitzen die wertvollsten Fruchtknospen zusammen mit Blattknospen an einjährigen Langtrieben. Beim Pfirsich unterscheiden wir außerdem zwischen »wahren« und »falschen« Fruchttrieben. Bei ersteren sitzen drei Knospen zusammen, in der Mitte eine Blattknospe, links und rechts davon je eine Blütenknospe. Diese Triebe sind wertvoll, denn an ihnen hängen bevorzugt die Pfirsiche.
»Falsche« Fruchttriebe sind dagegen fast ausschließlich mit Blütenknospen besetzt; an der Spitze befindet sich eine Holzknospe.
Bukettzweige sind bei Zwetsche/Pflaume, Süßkirsche und Aprikosen die wichtigsten Organe für Blüten- und Fruchtbildung. Sie ähneln den Ringelspießen beim Kernobst, doch stehen bei ihnen an der Spitze drei oder mehrere Knospen in einem dichten Büschel zusammen. Alle rundlichen Knospen sind Blütenknospen, die in der Mitte des Büschels befindliche dagegen immer eine Holzknospe.

Holztriebe bei Kern- und Steinobst

Als Holztriebe bezeichnen wir stärkere einjährige Langtriebe,- die nur Holz und Blattknospen aufweisen. Sie sind uns wichtig beim Aufbau des Kronengerüstes, also der Stammverlängerung und der Leit- und Seitenäste. Während beim Kernobst nur wenige Sorten (S. 11) auch an Holztrieben Blüten hervorbringen, findet man beim Steinobst neben reinen Holztrieben, an denen sich nur Holz- oder Blattknospen befinden, vielfach einjährige Langtriebe mit Holz-, Blatt- und Blütenknospen.

Der Konkurrenztrieb, auch als Afterleittrieb bezeichnet, ist ein »besonderer« Holztrieb, er spielt für unsere Schnittpraxis eine wichtige Rolle. Während aus der Knospe, über der wir Stammverlängerung, Leit- und Nebenäste zurückgeschnitten haben, ein kräftiger Neutrieb entstehen soll, entwickelt sich aus der nachfolgenden Knospe meist ein im spitzen Winkel angesetzter, ebenso starker, aber unerwünschter Trieb: Der Konkurrenztrieb.
Er sollte bei jedem Schnitt vorrangig entfernt werden, es sei denn, er ist kräftiger entwickelt und steht günstiger als die eigentliche Stamm- bzw. Astverlängerung. In diesem Fall entfernt man diese und beläßt den Konkurrenztrieb.

Knospen und »Augen«

Es gibt verschiedene Arten von Knospen, die man ebenfalls kennen sollte, bevor man mit dem Schneiden von Obstbäumen beginnt:
Holzknospen haben eine spitze Form. Wir finden sie vor allem

Fruchtholz bei Birnen. Rechts oben: Fruchtrute mit Blütenknospe. Rechts unten: Holztrieb.

Links: Zwetsche, Fruchtholz und einjähriger Langtrieb. Rechts: Süßkirsche (oben) und Sauerkirsche (unten), jeweils mit ein- und zweijährigem Triebteil.

an einjährigen Trieben. Bei günstiger Stellung und guter Ernährung entsteht aus ihnen meist ein stärkerer Holztrieb.
Blüten- oder Fruchtknospen haben dagegen eine mehr oder weniger rundliche Form und sind größer. Beim Steinobst sind sie allerdings erst gegen das Frühjahr zu gut zu erkennen. Blütenknospen werden stets im vorhergehenden Sommer gebildet. Bei Apfel und Birne sind in der Blütenknospe gleichzeitig auch Blätter vorhanden, beim Steinobst dagegen nur Blüten.
Blattknospen nehmen der Form nach eine Mittelstellung zwischen den spitzen Holzknospen und den rundlichen Blütenknospen ein. Wir finden sie vor allem am Fruchtholz, wo sie vielfach Blattrosetten mit mehreren Blättern ausbilden.
Als Augen bezeichnet man Knospen im Anfangsstadium ihrer Entwicklung während des Sommers. Wir finden sie in den Blattwinkeln der grünen, also beblätterten Triebe. Der Baumschuler verwendet sie zum Okulieren, einer Veredlungsart bei der im August ein »Auge« der Edelsorte in die Obst- oder Rosenunterlage eingesetzt wird. Sobald dann die »Augen« in den Blattwinkeln der Bäume gut entwickelt und ausgereift sind, spricht man von Knospen. Allerdings, bei Obstbaumschnittkursen und Abhandlungen über Obstbaumschnitt wird häufig abwechselnd von »Knospen« und »Augen« gesprochen, um nicht immer das gleiche Wort gebrauchen zu müssen, obwohl es sich genau genommen um Knospen handelt.
Wichtig für unsere Arbeit ist der Begriff »schlafende Augen«. Sie spielen besonders beim Auslichten älterer Bäume und beim Verjüngen eine Rolle. Schlafende Augen sind nicht sichtbar, sie liegen unter der Rinde.
Durch äußere Reize, eben wenn starke Äste aus der Krone entfernt oder – beim Verjüngen – kräftig zurückgenommen werden, treiben sie kräftig aus: es bilden sich »Wasserschosse«, d.h. sehr wüchsige, gut belaubte Jungtriebe, die wir aber durch Behandlung zum Fruchttragen bringen können (S. 38/39).

Baumkrone mit nur wenigen kräftigen Ästen aufbauen und immer licht halten, damit sich Fruchtholz bis an den Stamm hin entwickeln kann und bis ins Alter lebendig bleibt.

Äste, Zweige, Triebe

Als Äste bezeichnet man die stärkeren Holzteile. Sie können in älteren Baumkronen einen Durchmesser von 20 cm und mehr erreichen. Diese Entwicklung sollte man schon beim Jungbaum vorhersehen und die Krone mit nur 3–4 Leitästen aufbauen; Unter Zweigen versteht man meist 3–4 Jahre alte Triebe, die etwa finger- bis daumenstark sind.
Triebe sind 1–2 Jahre alt, man spricht von »einjährigen Trieben« und »zweijährigen Trieben«. Als »Jungtriebe« bezeichnen wir Triebe, die sich gerade im Entstehen befinden, also während des Sommerhalbjahres.
Unter Neutrieb versteht man die Gesamtheit der Jungtriebe an einem Baum; man sagt z.B.: »Der Baum hat einen starken Neutrieb«, er ist also noch sehr lebendig.

Schnittwerkzeuge

Nur mit dem richtigen Werkzeug macht der Obstbaumschnitt Spaß. Die Arbeit geht dann rasch von der Hand, die Wunden vereilen in kurzer Zeit. Es wäre falsch hier zu sparen, nachdem solide Werkzeuge ein Leben lang herhalten.

Baumschere

Mit das wichtigste Gerät im Obstgarten! Ich arbeite seit vielen Jahren mit der Felco 2, einer bewährten Schweizer Gartenschere, die wohl in jedem Fachgeschäft (Garten-Center) erhältlich ist. Sie hat ihren stolzen Preis, an die 50 Mark, doch die Ausgabe lohnt sich. Diese Schere liegt wie angegossen in der Hand, läßt sich mit dem Daumen spielend öffnen und schließen, so daß man sich bei der Arbeit immer mit der anderen Hand an einem Ast oder an der Leiter festhalten kann; die Felco-Schere ist leicht und ermüdet auch bei längerer Arbeit nicht, ermöglicht einen scharfen Schnitt, schneidet erstaunlich starke Zweige ohne allzu großen Kraftaufwand und ist mit den leuchtendroten Griffen im Schnee oder Rasen leicht auffindbar. Alle stärker beanspruchten Teile lassen sich leicht auswechseln; sie sind einzeln erhältlich. Pflege: Klinge gelegentlich schärfen, an Feder und Verschluß ab und zu ein paar Tröpfchen Öl bringen. Nachahmungen anderer Firmen sind zwar ein paar Mark billiger, doch den Unterschied merkt man rasch. Selbstverständlich gibt es noch einige andere gute Scheren, auf Bestellung auch solche für Linkshänder.

Baumsäge

Ideal ist eine Baumsäge mit Holzgriff und Spannhebel mit dem sich das Sägeblatt rasch entspannen, verstellen und wieder spannen läßt, so daß wir jeden Ast sauber auf Astring absägen können. Dies ist bei einer Säge mit feststehendem Blatt nicht möglich. Pflege: Bewegliche Teile am Spannhebel und an der Feststellschraube gelegentlich ölen und Harz vom Blatt mit Benzin abwischen. Bügelsäge mit Schwedenstahlblatt verlangen, da dieses leicht ausgewechselt werden kann, sobald es nicht mehr genügend scharf ist. Solch eine hochwertige Säge ist billiger als eine gute Baumschere. Schwächeres Holz und Äste an leicht zugänglichen Stellen (z.B. Spalier an Hauswand) lassen sich auch mit einer Stichsäge (»Fuchsschwanz«) sauber entfernen, sonst verwenden wir aber ausschließlich die Bügelsäge.

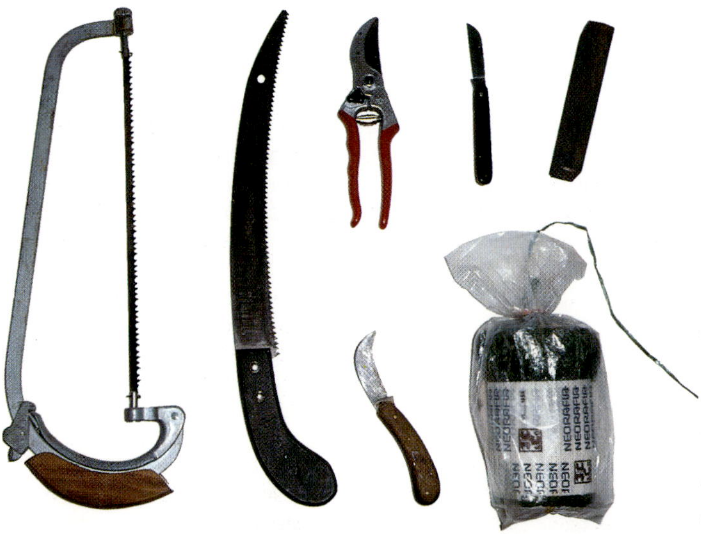

Von links nach rechts: Baumsäge mit verstellbarem Blatt, Stichsäge (Fuchsschwanz), Baumschere, Veredlungsmesser, Abziehstein; unten: Hippe und Bast zum Waagrechtbinden von Trieben.

Nur eine stabile, standsichere Leiter ermöglicht das Arbeiten im Außenbereich der Krone.

Hippe

Dies ist ein kräftiges Messer mit geschwungenem Holzgriff und mindestens 70 mm langer leicht geschwungener Stahlklinge. Nicht gerade billig, 30–50 Mark, doch so ein »Ding« hebt zweifellos das Aus- und Ansehen des Gärtners, wenn er es bei sich trägt. Mit der Hippe können wir Sägewunden nachschneiden, Stammschäden und Krebsstellen ausschneiden sowie Bastfäden entfernen. Auch im Gemüse- und Blumengarten ist sie recht brauchbar.

Abziehstein

Er sollte zweischichtig sein, mit einer gröberen und einer feineren Seite. Vor Gebrauch wird er mit Wasser angefeuchtet. Ist die Schere nicht mehr genügend scharf, schärft man die Klinge durch kreisende Bewegung der flach auf der Schneide aufliegenden gröberen Seite des Steins. Das Messer (Hippe u.ä.) wird nur auf einer Seite durch kreisende Bewegung erst grob vorgeschliffen und dann in gleicher Weise auf der Feinseite des Steines nachgeschliffen. Sobald sich ein feiner Grat gebildet hat, schleift man die andere Seite des Messers leicht nach.

Leiter

Für Schnitt und Ernte an Halb- und Hochstämmen ist ein fester Stand auf der Leiter besonders wichtig. Jährlich kommt es zu schweren Unfällen, weil die Leiter nicht genügend standfest oder Sprossen (Holzleiter) brüchig sind. Auf Aufstellung und Sicherungen achten!
Bewährt hat sich eine Anlegeleiter mit 2 Stützen, damit sie nicht nur an kräftigen Ästen angelegt, sondern auch im Außenbereich der Krone freistehend als Stützleiter aufgestellt werden kann. Wenn eine solche standsichere Leichtmetall-Leiter aus 2 ineinander verlaufenden Teilen besteht, läßt sie sich beliebig verlängern oder verkürzen, so daß auch an höheren Baumkronen und Wandspalieren weitgehend gefahrlos gearbeitet werden kann.
Bewährt hat sich auch die Südtiroler Einholmleiter mit schwenkbarem Fuß; vor allem bei hängigem Gelände.

Pflanz- und Erziehungsschnitt

Buschbaum mit wenigen Leitästen und locker gestreuten Fruchtästen entlang des Stammes.

Halb-/Hochstamm, Buschbaum: Der Pflanzschnitt beginnt bereits bei der Pflanzung mit dem Schnitt der Wurzeln. Dabei werden beschädigte Wurzeln dicht hinter der Beschädigung bis auf gesundes, helles Holz zurückgeschnitten. Gesunde, mehr als bleistiftstarke Wurzeln kürzen wir dagegen nur ganz geringfügig, etwa um 1 cm, ein; an solchen glatten Schnittstellen bilden sich rasch feine neue Wurzeln. Da der Baum beim Roden in der Baumschule ohnehin Wurzeln verloren hat, sollte sich der Wurzelschnitt nur auf das wirklich Nötige beschränken. Mit je mehr gesunden Wurzeln der Baum gepflanzt wird, desto kräftiger ist der Austrieb.

Nun aber zum eigentlichen Pflanzschnitt. Wurde im Herbst gepflanzt, warten wir damit bis nach der strengsten Kälte, also etwa bis Ende Februar. Bei Frühjahrspflanzung erfolgt dieser Schnitt bei oder möglichst bald nach der Pflanzung. Der Pflanzschnitt ist die Grundlage für eine ideale Baumform, bestehend aus Stamm, Leitästen und Seitenästen, also ein Kronengerüst, an dem sich locker gestreut gut belichtete Fruchtäste und Fruchtholz befinden. Was nachfolgend zum Thema »Pflanzschnitt« gesagt wird, gilt nahezu für alle Obstarten, die als Halb- oder Hochstamm gepflanzt werden, ebenso auch für sogenannte Meter-Stämme und Buschbäume.

Leitäste auswählen

Zunächst wählen wir in der jungen Krone 3 kräftige, günstig am Stamm verteilte Triebe aus. Diese 3 Triebe – die späteren Leitäste – sollten sich nicht an einem Punkt des Stammes befinden, sondern möglichst auf einer Stammlänge von etwa 50 cm verteilt sein. Dadurch sind sie gut »verankert«. Entspringen sie dagegen an einem Punkt, kann es leicht zur Abdrosselung der Stammverlängerung kommen. Sollten die 3 »idealen« Leitäste noch fehlen, so belassen wir provisorisch die 3 geeignetsten, ersetzen aber im nächsten oder übernächsten Jahr einen oder zwei davon durch günstiger gestellte Triebe, die sich inzwischen an der Stammverlängerung entwickelt haben.

Beim Pflanzschnitt nur 3 gut verteilte Triebe als künftige Leitäste belassen und diese auf eine nach außen zeigende Knospe zurückschneiden.

Falsch: Die Leitäste bilden einen Quirl. Die Stammverlängerung ist bereits verkümmert, der linke Ast zu kräftig.

Ideal ist es, wenn diese künftigen Leitäste in einem stumpfen Winkel am Stamm entspringen. Wenn möglich sollten sie erst etwas vom Stamm entfernt in einem Winkel von etwa 45° ansteigen. Spitzwinklig angesetzte Triebe sind als Leitäste nicht geeignet, weil bei ihnen die Gefahr besteht, daß sie später einmal bei stärkerem Fruchtbehang oder Schneedruck abschlitzen. Alle kräftigen, steil stehenden Triebe werden deshalb aus der jungen Baumkrone entfernt, zu allererst der Konkurrenztrieb, der sich zumeist in einem sehr spitzen Winkel zuoberst am Mitteltrieb (Stammverlängerung) befindet.

Schwache Triebe schonen

Außer den drei künftigen Leitästen können durchaus einige schwächere Triebe in der jungen Krone verbleiben. Soweit sie sich nicht bereits in einer waagrechten Stellung befinden, binden wir sie mit Bast waagrecht. Solche Triebe bleiben ohne Rückschnitt und können deshalb den 3 späteren Leitästen keine Konkurrenz machen. Sie setzen meist frühzeitig Blütenknospen an und versorgen mit ihren Blättern den jungen Baum zusätzlich mit Baustoffen (Assimilaten).

Rückschnitt von »Leitästen« und Stammverlängerung

Steht einer der künftigen Leitäste steiler als die beiden anderen, so wird er abgespreizt; bei zu flacher Stellung binden wir ihn hoch.
Anschließend kürzen wir die als Leitäste vorgesehenen Triebe um mindestens ein Drittel bis die Hälfte ein und zwar immer auf eine nach außen gerichtete Knospe. Anschließend sollen sie in etwa gleich lang sein, sich »in der Saftwaage« befinden. Beim Steinobst schneiden wir am besten noch schärfer zurück. Nur bei einem kräftigen Rückschnitt treiben sämtliche Knospen aus und die künftigen Leitäste bekleiden sich bereits von unten her mit Fruchtholz. Durch den Rückschnitt wird außerdem das Dickenwachstum der Leitäste gefördert. Wie bereits auf S. 9 erwähnt, gilt: Je schärfer der Rückschnitt, desto kräftiger der Austrieb und umgekehrt.
Durch scharfen Rückschnitt stellen wir das Gleichgewicht zwischen Wurzel und Krone wieder her, hat doch der Baum beim Ausgraben in der Baumschule viel Wurzelmasse verloren. Ohne Rückschnitt können die verbliebenen Wurzeln die Triebe nicht genügend mit Wasser und Nährstoffen versorgen, es kommt nur zu einem schwachen Neutrieb.
Abschließend schneiden wir die Stammverlängerung (Mitteltrieb) so weit zurück, daß sie die 3 künftigen Leitäste um Handbreite überragt. Dabei wird sie möglichst über einer Knospe eingekürzt, die eine gerade Triebfortsetzung verspricht. Im Normalfall befindet sich diese Knospe über der letztjährigen Schnittstelle, die in der Baumschule entstanden ist. Weht häufig starker Wind aus vorwiegend einer Richtung, so wird der Mitteltrieb über einer in Windrichtung stehenden Knospe geschnitten.

Beim Pflanzschnitt nicht zimperlich sein, sondern Triebe kräftig einkürzen! Nur so entsteht bereits im Pflanzjahr ein starker Austrieb.

Erziehungsschnitt

Im kommenden Spätwinter bzw. zeitigen Frühjahr wird die junge Baumkrone erneut geschnitten. Wir sprechen jetzt von Erziehungsschnitt, den wir so oft wiederholen, bis die Krone fertig aufgebaut ist, je nach Obstart also etwa 5–8 Jahre lang.
Zuerst werden Spreizhölzer und Bastfäden entfernt, die vom Pflanzschnitt her noch in der Krone sind, soweit dies nicht bereits im Sommer geschehen ist. Dann wenden wir uns den künftigen Leitästen zu. Waren beim Pflanzschnitt keine 3 günstig gestellten, gleichmäßig um den Stamm verteilten Leitäste vorhanden, so lassen sich jetzt Korrekturen durchführen: Ein nur provisorisch belassener Leitast wird durch einen günstiger gestellten Jungtrieb ersetzt. Vor allem aber werden beim Erziehungsschnitt alle Konkurrenztriebe sowie zu dicht stehende oder auf den Astoberseiten entstandene Triebe an den Ansatzstellen entfernt. Die übrigen neugebildeten Triebe binden wir – sofern sie nicht zu dicht stehen – beinahe waagrecht, es sei denn, sie stehen bereits ziemlich waagrecht.
Anschließend werden die Stamm- und Leitastverlängerungen zurückgeschnitten, wobei sich die Stärke des Rückschnitts nach der Wuchsstärke des Baumes richten soll. Bei kräftigem Trieb werden die Verlängerungstriebe nicht mehr so stark eingekürzt wie bei der Pflanzung. Hat der Baum auf den Pflanzschnitt nur mit einem sehr schwachen Austrieb reagiert, so unterlassen wir diesmal ausnahmsweise den Rückschnitt auf nach außen gerichtete Knospen. Die Triebfortsetzungen entwickeln sich dann aus den kräftigen Endknospen. Damit wir die Stärke des Rückschnitts halbwegs richtig bemessen, sollten wir uns überlegen, was mit dem Einkürzen der Stamm- und Leitastverlängerungen angestrebt wird: Es sollen möglichst sämtliche Knospen entlang der verbleibenden Triebteile austreiben. Schneiden wir einen Leitast zu wenig zurück, so werden zwar die oberen Knospen durchtreiben, nicht aber die im unteren Drittel befindlichen. Folge: Der Leitast garniert sich zu wenig mit Fruchtholz, er bleibt kahl und schwach. Schneiden wir dagegen zu stark zurück, so treiben sämtliche Knospen aus, jedoch wesentlich stärker als wünschenswert. Es bildet sich kaum Fruchtholz, vielmehr entstehen zahlreiche Holztriebe, die wegen ihrer zu dichten und meist steilen Stellung zum Teil entfernt werden müssen. Die Stärke des Rückschnitts ist ideal, wenn zwar sämtliche Knospen austreiben, sich jedoch nur wenig kräftige, aber zahlreiche schwache Triebe, das künftige Fruchtholz, entwickeln.

Wenn möglich, sollte man die Leitäste auf nach außen wachsende Triebe absetzen. So kommt Licht ins Kroneninnere.

Erziehungsschnitt – 2. Jahr nach der Pflanzung und folgende Jahre

Im 2. Jahr nach der Pflanzung und die Jahre danach bleiben die Schnittarbeiten die gleichen. Neu hinzu kommt die Erziehung von Seitenästen, etwa 3 je Leitast, einer nach links, einer nach rechts, einer nach vorne gerichtet. Der erste dieser Seitenäste sollte vom Stamm einen Abstand von mindestens 80 cm haben; andernfalls würde die Krone später zu dicht. Untereinander sollten die Seitenäste in einem Abstand von etwa 100–120 cm entstehen, damit auch in der fertig aufgebauten Krone alle Teile genügend Licht bekommen. Günstig ist es, wenn sich diese Seitenäste leicht schräg aufwärts entwickeln. Sie sollten den Leitästen untergeordnet sein. Die Triebfortsetzungen der Seitenäste werden nur bei schwachem Wuchs leicht eingekürzt, andernfalls erübrigt sich ein Rückschnitt.

Die übrigen entlang der Leitäste entstehenden Triebe behandeln wir als Fruchtäste, d.h. wir schneiden sie nicht zurück, sondern lenken sie durch Ableiten auf jüngere Triebe so, daß ihre Spitze waagrecht gerichtet ist oder leicht abwärts zeigt. Dadurch wird verhindert, daß sie zu einer Konkurrenz für die Seitenäste werden. Jungtriebe jedoch, die sich entlang der Leit- und Seitenäste entwickeln und zu dicht stehen, werden beim jährlichen Schnitt ganz entfernt.

Auch entlang der Stammverlängerung sollten sich in lockerer Streuung einige Fruchtäste bilden. Wir erziehen sie so, daß sie auf Lücke stehen und die darunter befindlichen Fruchtäste nicht beschatten.

Erziehungsschnitt: Konkurrenztriebe und alle ins Kroneninnere wachsende Triebe entfernen. Zu steil stehende Leitäste abspreizen.

Ideal aufgebaute Krone (Apfel-Halbstamm) mit 3 kräftigen, gut verteilten Leitästen. An diesen befinden sich locker gestreut Seiten- und Fruchtäste. Das gesamte Astgerüst ist mit reichlich Fruchtholz besetzt. Licht und Sonne können bis tief ins Kroneninnere eindringen.

Des weiteren werden beim jährlichen Erziehungsschnitt alle Konkurrenztriebe an der Stammverlängerung, sowie an den Leit- und Seitenästen entfernt. Auch andere steilstehende Jungtriebe, die auf den Oberseiten der kräftigen Astteile entstanden sind, schneiden wir an den Ansatzstellen bis auf Astring weg. Stehen solche Triebe dagegen etwas schräg, so können wir sie waagrecht binden und dadurch zu Fruchtästen umbilden. Dies ist freilich nur sinnvoll, wenn genügend Platz für zusätzliche Fruchtäste vorhanden ist oder wenn sie als Ersatz für abgetragene Fruchtäste verwendet werden sollen. Abschließend schneiden wir die im letzten Jahr entstandenen Verlängerungstriebe von Stamm, Leitästen und eventuell auch Seitenästen zurück. Dabei beginnen wir immer mit dem schwächsten Leitast. Anschließend sollten sich die Leitäste in »der Saftwaage« befinden, also in etwa gleich lang sein.
Eine Faustregel: Schwache Verlängerungstriebe kürzt man um etwa die Hälfte ein, bei kräftigem Jahrestrieb genügt es dagegen meist, wenn nur um ein Drittel zurückgeschnitten wird. Wichtig ist immer auf nach außen gerichtete Knospen zu schneiden, damit eine breitausladende, gut belichtete Krone entsteht. Wachsen die Leitäste zu steil, sollte nachgeholfen werden: Äste abspreizen bzw. auf einen nach außen gerichteten Trieb schwächeren Ast absetzen.
Die Stammverlängerung sollte die Leitäste in den ersten Jahren nur um Handlänge überragen, zum Ende der Aufbauphase kann sie um etwa einen halben Meter höher sein. So bekommen wir einen Baum mit verhältnismäßig niedriger Krone und flachpyramidaler Form. Sie sollte nach dem Schnitt einem flachen Hausdach ähneln.
Durch den Erziehungsschnitt bekommen wir einen Baum mit kräftigem Kronengerüst, bestehend aus Stamm- bzw. Stammverlängerung (Mitteltrieb), Leitästen und Fruchtästen. An diesem Gerüst entwickeln sich Fruchtäste und Fruchtholz.

An diesem etwa 40 Jahre alten Apfelbaum wurden alle Triebe bis auf kurze Stummel zurückgeschnitten (oben links). Die Folge: Kräftiger Austrieb aus allen Augen. Von Jahr zu Jahr entstanden mehr »Wasserschosse«: Hatte ein verbliebener Stummel 4 Knospen, entstanden daraus 4 kräftige Holztriebe. Wurden diese im Winter darauf wiederum auf 4 Augen eingekürzt, so waren im folgenden Sommer bereits 16 Triebe vorhanden, dann 64 usw. Durch diesen »Besenschnitt« war die Krone bald so dicht, daß kein Licht mehr ins Innere eindringen konnte.
Bei der Umstellung wurden erst alle zu dicht stehenden Äste entfernt, dann die Mehrzahl der kräftigen Holztriebe; insgesamt 948 Triebe. Nur Holztriebe, die genügend Platz hatten, wurden belassen, an jedem Astende meist nur einer, sowie schwächere und etwas schräg beziehungsweise weitgehend waagrecht stehende Triebe. Die verbliebenen Triebe wurden nicht eingekürzt, einmal um erneute starke Neutriebbildung zu vermeiden und zum andern, um baldiges Blühen und Fruchtbarkeit zu fördern. Die Abbildung auf S. 23 oben zeigt den umgestellten Baum, das Bild darunter denselben Baum 2 Jahre später.

Oben: Dieser Gartenfreund machte »Tabula rasa«. Äste und Fruchtholz wurden »abrasiert«, nur die Stämme blieben übrig. Mindestens 2 Jahre gibt es keine Ernte. Doch Rettung ist möglich: Durch Erziehungsschnitt läßt sich aus dem kräftigen Austrieb eine neue Krone aufbauen.

Sommerschnitt

Halb-/Hochstamm, Buschbaum: Es ist ratsam, den Erziehungsschnitt in den ersten Jahren durch eine Sommerbehandlung im Juli/August zu ergänzen. Dadurch geht der Kronenaufbau rascher vor sich. Dabei werden alle für den Kronenaufbau entbehrlichen Triebe, die man im Winter ohnehin entfernen müßte, weggeschnitten. Dazu gehören vor allem die Konkurrenztriebe an Stammverlängerung und Leitästen sowie steile »Ständer«, also Triebe, die auf den Astoberseiten entstanden sind, in das Kroneninnere hineinwachsen und dadurch den Lichtzutritt versperren. Ebenso werden auch schwächere Triebe entfernt, wenn sie zu dicht stehen. Diese braucht man bei Apfel und Birne nur bis auf die Blattrosette zurückschneiden, damit sich an dieser Stelle Blütenknospen entwickeln können.
Alle übrigen Triebe, soweit sie nicht das Kronengerüst bilden, binden wir annähernd waagrecht, soweit sie sich nicht bereits in weitgehend waagrechter Stellung befinden. Langtriebe werden dadurch zu Fruchttrieben umgewandelt, denn je waagrechter sich ein Trieb im Baum befindet, desto mehr neigt er zum Blühen und Fruchten, je steiler er dagegen steht, desto kräftiger wächst er. Selbstverständlich kann man auch beim Winterschnitt solche Triebe waagrecht binden, sie sind dann aber bereits verholzt und es dauert wesentlich länger, bis sie sich daran gewöhnen. Im Sommer sind alle diese Triebe noch weich. Sie bleiben bereits in wenigen Wochen in der gewünschten Lage, so daß wir spätestens beim Winterschnitt alle Bastfäden entfernen können.
Anstelle Bast zu verwenden, können wir die Triebe auch mit Gewichten beschweren, so daß sie nach unten gezogen werden. Eine elegante Lösung ist es, kleine Blumentöpfe mit Beton zu füllen und einen kräftigen, U-förmig nach unten gebogenen Draht soweit mit »einzubetonieren«, daß oben noch ein wenig davon herausschaut. Mit Hilfe von Wäscheklammern lassen sich die Betontöpfchen dann am oberen Drittel von Trieben anbringen, die man waagrecht stellen will. Nach wenigen Wochen kann man die Wirkung überprüfen und – wenn der Trieb annähernd waagrecht verbleibt – die Betontöpfchen an anderen Trieben verwenden. Dieses Hilfsmittel wird auch von einer Firma angeboten, doch stehen die Frachtkosten wegen des hohen Gewichts in einem ungünstigen Verhältnis.
Im Rahmen des Sommerschnitts können wir auch zu starkwachsende Triebe bremsen, indem wir die Spitzen mit dem Daumennagel auskneifen. Ist zum Beispiel in einer jungen Krone ein Leitast besonders kräftig entwickelt, während die beiden anderen wesentlich geringeren Zuwachs zeigen, so können wir die Zurückgebliebenen fördern, indem wir den kräftigeren Trieb entspitzen. Dadurch läßt sich das Gleichgewicht in der Krone rasch wieder herstellen. Vielfach wächst auch die Stammverlängerung im Verhältnis zu den Leitästen zu stark nach oben, vor allem bei Birnen. In diesem Fall entfernen wir erst den Konkurrenztrieb und den folgenden, meist ebenso stark wachsenden und entspitzen anschließend die Stammverlängerung.
Wer den Sommerschnitt an Jungbäumen durchführt, hat im Nachwinter nicht mehr viel zu tun. Es brauchen dann nur noch die Stamm-, Leitast- und eventuell Seitenastverlängerungen auf Knospen nach außen eingekürzt zu werden; alles andere ist bereits erledigt. Durch Sommerschnitt gelangt der Saftstrom ausschließlich in die verbleibenden, erhaltenswerten Teile, die Krone ist dadurch in kürzerer Zeit fertig aufgebaut. Ein weiterer Vorteil: Beginnt der junge Baum bereits mit dem Tragen, so werden die Früchte nach erfolgtem Sommerschnitt besser belichtet. Keinesfalls darf der Sommerschnitt aber zu früh, also bereits im Juni oder der ersten Julihälfte durchgeführt werden. In diesem Fall wäre mit erneuter stärkerer Triebbildung zu rechnen.

Wüchsiger Jungbaum vor dem Sommerschnitt (oben links) und danach (unten rechts). Alle Triebe, die im Winter ohnehin entfernt werden müssen, schneidet man bereits im Juli weg, vor allem Konkurrenztriebe und alle nach innen wachsenden Triebe (oben rechts). Zu steil stehende Äste werden dabei abgespreizt.

Schnitthilfen

Nicht alle Obstbäume wachsen trotz Pflanz- und Erziehungsschnitt so, wie dies wünschenswert wäre. Doch es gibt verschiedene Kniffe, um einen annähernd idealen Kronenaufbau zu erreichen. Ebenso können wir die Entwicklung von Holztrieben oder aber die Neigung zur Fruchtholzbildung beeinflussen.

Spreizen und binden

Nicht immer befinden sich die künftigen Leitäste in stumpfem Winkel am jungen Baum und steigen dann etwas vom Stamm entfernt in einem Winkel von etwa 45° an. In den meisten Fällen stehen sie zu steil. Dies läßt sich mit Hilfe von Spreizhölzern ausgleichen.
Wir gewinnen sie aus den beim Schnitt älterer Bäume anfallenden Ästen und Zweigen. Günstig ist es, wenn sie sich gabeln. Wir brauchen sie dann nur über der Gabel abzuschneiden und in den Baum halten um die passende Länge abzuschätzen. Dann wird der Zweig oder Ast an dieser Stelle keilförmig zugeschnitten und aus dem Keil mit der Schere ein Dreieck herausgeschnitten. Dadurch hat das Spreizholz im Baum auch bei Wind einen guten Halt.
Wenn kein altes Schnittholz, das sich zum Abspreizen eignet, vorhanden ist, besorgen wir es uns anderweitig von Obstbäumen oder anderen Laubgehölzen. Ist der Zweig oder schwache Ast ohne Gabelung, so schneiden wir das benötigte Stück an beiden Enden keilförmig zu. Gut geeignet sind u.a. auch kräftige Holundertriebe, die in der Mitte weiches Mark enthalten, so daß sich ein Einkerben erübrigt. Das hört sich alles kompliziert an, ist aber in der Praxis recht einfach, wie die Abbildungen zeigen.
Wichtig ist, daß die Spreizhölzer vor dem Winterschnitt eingesetzt werden. Erst dann wird der Rückschnitt der Leitastverlängerungen festgelegt, die sich anschließend in etwa gleicher Höhe (Saftwaage) befinden sollen. Bedurfte es der Korrektur steilstehender Äste, müssen die Spreizhölzer oft 1–2 Jahre in der Krone verbleiben. Sobald man sie herausnimmt, läßt sich erkennen, ob der Ast in der gewünschten Stellung verbleibt. War dagegen nur eine geringe Veränderung nötig, so können wir die Spreizhölzer bereits im folgenden Sommer wegnehmen

Spreizhölzer: Links Holunder, rechts Haselnußtrieb mit Vergabelung. Unten: Spreizholz, beim Obstbaumschnitt angefallen.

oder sie fallen von selbst auf den Boden.
Das Gegenteil zum Abspreizen ist das Hochbinden von Trieben, um sie in einen günstigeren Winkel zum Stamm zu bringen, und dadurch ihre weitere Entwicklung zu fördern. Dies ist gelegentlich bei Jungbäumen zweckmäßig. Sobald dann der Trieb von selbst in der gewünschten Stellung verbleibt, kann das Bindematerial (Bast) entfernt werden.

Waagrechtbinden

Dadurch wird die Fruchtbarkeit eines Triebes gefördert. Wichtig ist, daß er in eine waagrechte Stellung gebracht wird, denn nur dann tritt nach dem Gesetz der Oberseitenförderung (S. 8) die gewünschte Wirkung ein. Wird der Trieb dagegen bogenförmig gebunden, so kommt es zu unerwünschtem Neutrieb am Scheitelpunkt (S. 9).
Durch das Waagrechtstellen können Triebe im jungen Baum belassen werden, die sonst im Sommer oder Winter weggeschnitten werden müßten, weil sie zu schräg aufwärts oder sogar auf den Astoberseiten stehen und den Lichtzutritt ins Kroneninnere versperren würden. Sobald sie dagegen mit Bast, Betontöpfchen und ähnlichem in eine waagrechte Lage gebracht sind, hören sie weitgehend auf zu wachsen und setzen bevorzugt Blütenknospen an. Mehr dazu unter »Sommerschnitt« (S. 24).

Triebe lassen sich mit Bast waagrechtbinden. Ebenso eignen sich Betontöpfchen und Zweigkrümmer aus kräftigem Draht.

Waagrechte Triebe neigen bevorzugt zur Fruchtbarkeit.

Die knollig verdickte Veredlungsstelle muß nach dem Pflanzen zu sehen sein (rechts).

Ringeln

Mit Ringeln können wir Apfel- und Birnbäume, die richtig geschnitten wurden und aufgrund ihres Alters bereits tragen müßten, dies aber dennoch nicht tun, dazu bringen, Blütenknospen anzusetzen.
Wir heben dazu in der ersten Juni-Hälfte mit Hilfe eines scharfen Messers einen ein- bis zweifingerbreiten Rindenstreifen rund um den Stamm ab. Nur wenn dieser Zeitpunkt eingehalten wird, wirkt sich das Ringeln auf die Blütenknospenbildung und auf eine ausreichende Verheilung der Wunde günstig aus. Wichtig: Die angeschnittene Rinde und der freiliegende Holzteil dürfen nicht mit den Fingern berührt werden, die Wunde wird ausnahmsweise nicht mit Wundverschlußmitteln verstrichen.
Die Wirkung des Ringelns beruht darauf, daß die in den Blättern bei Sonnenlicht gebildeten Baustoffe (Assimilate) am Abfließen in den Wurzelbereich gehindert werden. Sie stauen sich oberhalb der Ringelungsstelle, also in der Krone, an. Dadurch kommt es zur Anlage von Blütenknospen.

Zu tief gepflanzter Spindelbusch: Zu kräftiger Trieb, Wurzelbildung aus dem Stamm (rechts).

Halbmondförmiges Einkerben oberhalb schlafender Augen. Austrieb im Frühsommer (links). Bereits im nächsten Frühjahr blühte einer der beiden Triebe.

Auch ohne Verstreichen heilt die Wunde während des Sommers wenigstens teilweise zu und schließt sich im darauffolgenden Sommer völlig. Dadurch kann der Saftstrom wieder ungehindert von oben nach unten fließen, d.h. mit einmaligen Ringeln erreichen wir keine Dauerwirkung. Wenn nötig kann auch in den nächsten Jahren geringelt werden, jedoch immer an einer anderen Stelle des Stammes.

»Reparatur« freigemachter Spindelbüsche

Wenn ein Spindelbusch, also ein Zwergbaum zu stark treibt und eine zu große Krone entwickelt, hat dies meist zwei Ursachen: Entweder er ist auf einer zu starkwachsenden Unterlage veredelt oder aber er wurde zu tief gepflanzt. Starker Rückschnitt hilft in beiden Fällen nicht weiter.
Was im ersten Fall zu tun ist, steht im letzten Abschnitt unter »Wurzeln abstechen«. Wurde dagegen zu tief gepflanzt, ist also die Veredlungsstelle (knollige Verdickung am Stamm) mit Erde bedeckt, so können sich über dieser, also aus dem Stamm der Edelsorte, Wurzeln entwickeln. Die Wirkung der schwachwachsenden Unterlage ist ausgeschaltet; das Bäumchen beginnt kräftig zu wachsen, als wäre es auf Sämling veredelt. Dies läßt sich beheben: Boden um den Stamm entfernen, Veredlungsstelle freilegen und die oberhalb der Veredlungsstelle aus dem Stamm entstandenen Wurzeln wegschneiden, sofern sie nicht mehr als daumenstark sind. Mehrere Wurzeln dieser Stärke entfernt man besser im Laufe von 2 Jahren, um die Umstellung zu erleichtern.

Kerbschnitt

Gelegentlich fehlen Triebe an Stellen, wo sie für den Kronenaufbau junger Bäume wichtig wären. Bei Spalierbäumen ist dies des öfteren der Fall. Hier hilft ein Kerbschnitt mit dem wir schlafende Augen zum Austrieb bringen können, auch wenn sie sehr ungünstig zum Saftdruck stehen. Der Kerbschnitt wird im März halbmondförmig über dem Auge angebracht, etwa 0,5 cm tief. Dadurch kommt es an dieser Stelle zum Stau des im Holzteil von den Wurzeln nach oben verlaufenden Nährstoffstromes. Folge: Das Auge treibt aus und bildet einen verhältnismäßig langen Trieb mit dem sich z.B. ein an dieser Stelle erwünschter Spalierast ziehen läßt.
Wünschen wir dagegen an der kahlen Stelle einen sehr kurzen Austrieb mit baldigem Ansatz von Blütenknospen, so wird gegen Ende April unterhalb des Auges lediglich ein halbmondförmiges Rindenstück – also ohne Holz – entfernt. Dadurch stauen sich die Baustoffe (Assimilate), die von den Blättern über den Stamm zu den Wurzeln fließen an dieser Stelle: Es kommt zur Fruchtholzbildung.

Instandhaltungsschnitt

Sobald die Krone fertig aufgebaut ist, also nach dem Ende des Erziehungsschnittes, brauchen wir nur noch dafür zu sorgen, daß die vorhandene »Ideal«-Krone erhalten bleibt. Der Baum ist nun im Vollertrag: Holztriebbildung und die Entwicklung von Fruchtholz sollen sich in den kommenden Jahren die Waage halten. Der Fachmann spricht vom »Physiologischen Gleichgewicht«. Dieser Idealzustand liegt vor, wenn der Baum reichlich Neutrieb bildet, regelmäßig Ernten bringt und gleichzeitig Blütenknospen für das kommende Jahr ansetzt.

Wird dieses angestrebte Gleichgewicht gestört, greifen wir ein: Übermäßige Fruchtbarkeit wird durch stärkeren Schnitt gebremst, entwickeln sich dagegen in der Krone zu viele kräftige Holztriebe, so gleichen wir dies durch schwachen Schnitt aus.

Ableiten von Ästen

Im Rahmen des Instandhaltungsschnittes lassen sich auch etwas zu eng gewählte Pflanzabstände ein wenig ausgleichen, sei es, daß andere Obstbäume in unmittelbarer Nachbarschaft stehen oder stärkere Äste an das Haus anstoßen. In diesem Fall leiten wir einen zu langen und deshalb störenden Leitast auf einen weiter unten angesetzten Trieb, Zweig oder Ast ab. Anschließend wird mit den übrigen Leitästen ebenso verfahren, damit das Gleichgewicht in der Krone erhalten bleibt, d.h. die Enden der Leitäste sollen sich nach einem solchen Ableiten (zurücksetzen) in etwa gleicher Höhe befinden. Ebenso achten wir darauf, daß die Seitenäste den Leitästen untergeordnet bleiben. Auch sie

Hier wurden alle ins Kroneninnere wachsenden Triebe entfernt und die Äste abgeleitet.

Kräftiger, gesunder Neutrieb ist ein Beweis für die Vitalität des ausgelichteten Baumes.

werden also beim Ableiten der Leitäste entsprechend weit zurückgenommen, wobei die weiter unten an den Leitästen befindlichen Seitenäste immer länger als die weiter oben befindlichen sein sollten.
Als Folge eines eventuell erforderlich werdenden Ableitens der Leitäste und damit einer Verringerung des gesamten Kronenvolumens wird es zu einem stärkeren Neutrieb kommen. Vor allem auf den Oberseiten der Leitäste entwickeln sich steil aufrechtstehende oder in das Kroneninnere wachsende kräftige einjährige Triebe. Sie werden vielfach als »Wasserschosse« bezeichnet, obwohl man streng genommen unter Wasserschosse nur die im beschatteten Kroneninneren entstandenen, geilgewachsenen und deshalb weichen Langtriebe versteht.

Vor und nach dem Instandhaltungsschnitt: Der Leitast ist auf einen tiefer angesetzten Trieb abgeleitet, ins Kroneninnere wachsende Triebe sind entfernt.

Nachdem sich die auf den Oberseiten der Leitäste entstandenen Jungtriebe in der verhältnismäßig noch jungen Krone bald zu mächtigen »Ständern« oder »Reitern« entwickeln und die eigentlichen Leitäste überbauen, also unterdrücken würden, wehren wir bereits den Anfängen und entfernen alle senkrecht stehenden Jungtriebe. Dagegen werden Jungtriebe, die sich an Leit- und Nebenästen weitgehend waagrecht entwickelt haben, geschont. Sie bilden bei Apfel und Birne meist nach zwei Jahren Blütenknospen, während beim Steinobst solche Triebe bereits im Jahr nach dem Entstehen blühen und fruchten können.

Fruchtholz-erneuerung

An der inzwischen im Vollertrag befindlichen Krone senken sich die Fruchtäste unter der Last der Früchte nach unten ab. Daraufhin entstehen auf der Oberseite der Fruchtbogen nach dem Gesetz der Scheitelpunktförderung meist zahlreiche aufwärts gerichtete Triebe.

Gepflegte alte Obstbäume, an denen alle 1–2 Jahre ein Instandhaltungsschnitt durchgeführt wird. Dabei läßt sich die auf Seite 15 abgebildete Leiter bei Bedarf verlängern und als Anlegeleiter benutzen.

Bleiben sie ohne Schnitt, so verwandeln sie sich im 2. Jahr nach ihrer Entstehung ebenfalls zu Fruchtästen und biegen sich nach unten. Dabei wird der darunter befindliche Ast überdeckt und beschattet. Um die Krone weiterhin licht zu erhalten wird deshalb beim Instandhaltungsschnitt auf eine fortlaufende Fruchtholzverjüngung geachtet. Ist erst ein Fruchtbogen vorhanden und haben sich auf dessen Scheitelpunkt Jungtriebe entwickelt, so setzen wir den Fruchtast auf einen besonders günstig gestellten Jungtrieb ab; die übrigen Jungtriebe werden entfernt.
Liegen dagegen bereits mehrere Fruchtbogen übereinander, weil seit Jahren kein Instandhaltungsschnitt erfolgte, so belassen wir nur den zuoberst befindlichen Fruchtast bzw. schneiden auch diesen – wenn er bereits unter der Fruchtlast nach unten gekippt ist – auf einen über der Biegungsstelle befindlichen Jungtrieb ab. Auf diese Weise erreichen wir eine ständige Fruchtholzerneuerung. Des weiteren wird bei reichtragenden Bäumen das entlang der Äste und des Stammes vorhandene kurze Fruchtholz durch leichten Rückschnitt verjüngt. Jungtriebe, die sich entlang der stärkeren Äste oder am Stamm entwickelt haben und zu dicht stehen, entfernen wir ganz; die übrigen bleiben unbehandelt. Sie entwickeln sich zu Fruchtholz.

Fruchtholz entlang des Stammes und der Äste, das im Laufe der Jahre zu vergreisen beginnt, durch leichten Rückschnitt verjüngen! Dadurch kommt es zu Neutrieb und besserer Fruchtqualität.

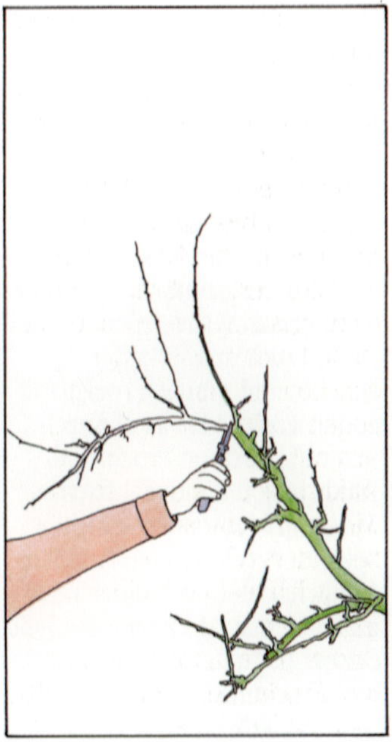

So wird ein nach unten gekippter Fruchtast auf einen über der Biegungsstelle befindlichen Jungtrieb abgesetzt.

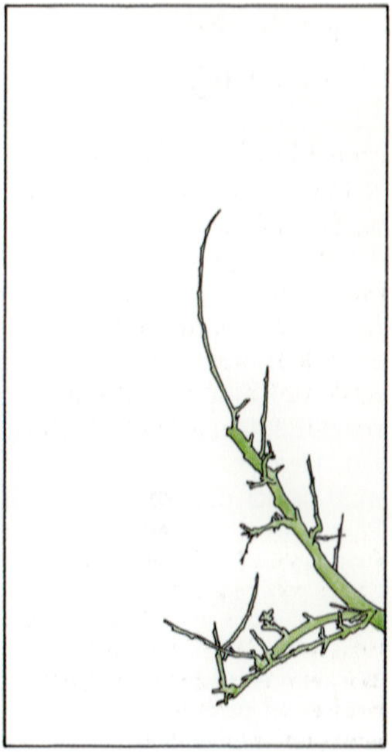

Derselbe Baum wie links nach dem Schnitt. Jungtriebe in genügend weitem Abstand blieben erhalten. Sie blühen meist nach 2 Jahren (Abb. unten).

Auslichten älterer ungepflegter Bäume

In zahlreichen Gärten stehen ältere Obstbäume, die noch nie oder schon lange nicht mehr geschnitten wurden. Andere wurden zwar jedes Jahr, aber falsch behandelt, so daß der erhoffte Erfolg ausblieb.
Eine ideale Kronenform, wie man sie nur durch richtigen Pflanzschnitt und mehrjährigen Erziehungsschnitt erreichen kann, läßt sich in all diesen Fällen nicht mehr herstellen. Doch können wir durch kräftiges Auslichten wenigstens eine bessere Fruchtqualität erreichen.
Die Kronen ungepflegter Bäume sind nämlich meist viel zu dicht, die Äste im Bauminnern sind ohne Fruchtholz. Dafür bilden die unzähligen Triebe im Außenbereich einer solchen Krone ein dichtes Blätterdach, das im Sommer kaum einen Lichtstrahl ins Innere läßt.
Schon ab November können wir an derartigen Bäumen mit dem Auslichten beginnen und die Arbeit bis in den März hinein fortsetzen. Es darf durchaus kalt sein, nur möglichst nicht unter −5°C.
Zunächst einmal werden alle dürren und kranken Äste entfernt, z.B. solche mit vielen Krebsstellen. Dann schneiden wir Äste heraus, die zu dicht auf anderen aufliegen und diese allzusehr beschatten. Auch schwächlich gebliebene Äste oder solche, die sich überkreuzen, werden an den Ansatzstellen entfernt. Vertändlicherweise lohnt sich dieser Arbeitsaufwand nur bei gesunden und noch im besten Ertragsalter befindlichen Bäumen. Andere werden besser ganz gerodet oder noch einige Jahre »abgemolken« und dann entfernt.

Vor dem Auslichten war diese Krone viel zu dicht. Die Äste sind ohne Fruchtholz.

Krebsige, dürre und zu dicht aufeinanderliegende Äste werden beim Auslichten bevorzugt herausgesägt.

Am leichtesten ist das Auslichten, wenn wir wie folgt vorgehen: Vorrangig werden alle Äste herausgeschnitten, bei denen eindeutig feststeht, daß sie weg müssen. Wir beginnen im oberen Bereich der Krone, steigen dabei aber immer einmal wieder von der Leiter, um uns den Baum aus einiger Entfernung anzusehen. So tun wir uns leichter bei der Entscheidung, welche Äste als nächste abgesägt werden sollen.
Noch besser: Wir arbeiten zu zweit; einer steht auf der Leiter oder in der Krone und sägt, während der oder die »andere« in einiger Entfernung vom Baum beobachtet und Anweisungen gibt, welche Äste als nächste heraus müssen. Natürlich sollte diese Person vom Obstbaumschnitt mindestens ebensoviel verstehen wie die am Baum befindliche, sonst fallen die falschen Äste.
Ältere, stark verwahrloste Kronen sollten nicht auf einmal ausgelichtet werden, weil sonst an den verbleibenden Ästen ein kaum zu bändigender, starker Neutrieb (»Wasserschosse«) entstehen würde. Solche Bäume werden besser in 2–3 Wintern hintereinander ausgeschnitten, wobei natürlich zuerst die besonders störenden Teile entfernt werden. Vorrangig setzen wir zum Beispiel zu hohe Kronen auf tieferstehende Äste ab, damit sich die Pflege und Ernte leichter durchführen lassen.
Wichtigstes Werkzeug für all diese groben Schnittarbeiten ist eine Baumsäge mit verstellbarem Blatt und eine stabile Leiter. Die Baumschere wird dagegen nur zum Schluß benötigt, wenn wir das dichte Triebgewirr an den äußeren Partien einer seit Jahren ungepflegten Krone lichten.
Wunden, die größer als ein 5-Mark-Stück sind, vor allem aber die Wunden von besonders großen Ästen, werden nach getaner Arbeit mit einem Wundverschlußmittel verstrichen. So sind die Wunden gegen schädliche Einflüsse von außen geschützt und beginnen bald von den Rändern her zu verheilen.
Am Ende der Durchforstung sollte die Krone eine stumpfpyramidale Form haben, also einem flachen Hausdach ähneln. Sie sollte nach Abschluß der Arbeit, also unter Umständen erst in 2–3 Jahren, so licht sein, daß man einen Hut hindurchwerfen kann. Wie schon gesagt, eine Idealkrone läßt sich nicht mehr erzielen, doch es ist schon viel erreicht, wenn in das Kroneninnere wieder genügend Luft und Licht gelangen können. Die Früchte werden dann größer und sind besser gefärbt, der Befall an Krankheiten und Schädlingen geht zurück, die Ernte wird wesentlich erleichtert.

Verjüngen

Halb-/Hochstamm, Buschbaum: Ältere Bäume, die kaum noch Neutrieb zeigen und deren Früchte zu klein bleiben, lassen sich verjüngen. Dadurch wird einer zunehmenden Vergreisung entgegengewirkt. Mit einer bloßen Fruchtholzverjüngung, die bei wüchsigen Sorten zu den laufenden Pflegearbeiten gehört, ist es bei überalterten Bäumen allerdings nicht getan. Manchmal genügt zwar bereits ein schwaches Verjüngen, also ein mäßiger Rückschnitt an allen Kronenteilen, meist empfiehlt es sich aber, stärker einzugreifen. Wir nehmen dann die Krone insgesamt um etwa ein Viertel bis ein Drittel zurück, d.h. sowohl die Stammverlängerung als auch die Leit- und Seitenäste werden kräftig bis ins alte Holz hinein zurückgeschnitten.

Nach dem Verjüngen läßt sich sowohl der Schnitt als auch die Ernte erheblich leichter und gefahrloser vornehmen. Außerdem entwickelt sich entlang der alten Äste neues Fruchtholz.

Erst auslichten, dann einkürzen

Ehe wir ans eigentliche Verjüngen gehen, wird die gesamte Krone ausgelichtet, so wie auf S. 34 beschrieben. Anschließend kürzen wir alle verbliebenen Äste um 1–3 m ein. Sowohl die Leitäste als auch die Stammverlängerung werden bis auf tieferstehende Äste »abgesetzt«, also kräftig zurückgeschnitten. Wir beginnen mit dem schwächsten Leitast und nehmen die übrigen bis auf etwa gleich Höhe zurück. Anschließend schneiden wir entlang der nun vorhandenen Leitastverlängerungen bis etwa 50 cm unterhalb der Spitzen alles Seitenholz auf Astring zurück. Dadurch entstehen aus schlafenden Augen kräftige

Zu hoher und sehr dichter Apfel-Hochstamm vor dem Verjüngen...

neue Triebfortsetzungen.
Den bis ins alte Holz hinein zurückgeschnittenen Leitästen werden sämtliche Seitenäste und Fruchtäste untergeordnet, d.h. auch diese werden bis tief ins alte Holz hinein zurückgenommen. Dabei sollten die tieferstehenden Seitenäste verhältnismäßig lang bleiben, während wir die oberen Kronenpartien stärker verjüngen, nachdem diese triebmäßig begünstigt sind.
Nachdem die Leit- und Seitenäste kräftig zurückgeschnitten wurden, setzen wir die Stammverlängerung auf einen tieferstehenden seitlichen Ast ab. Gleichzeitig wird auch das im Baum befindliche alte Fruchtholz kräftig ausgelichtet, bzw. zurückgesetzt, damit auch an diesen Stellen ein Neutrieb erfolgen kann. Nach getaner Arbeit sollte die gesamte Krone einem flachen Dach ähneln: Die weiter unten befindlichen Äste müssen jeweils länger sein als die oberen.
Günstig ist es, das Verjüngen gleich nach dem Laubfall, also ab November vorzunehmen und es bis Anfang März zu beenden. Je früher, desto kräftiger der Austrieb! Lediglich Steinobstarten, die auf kräftigen Rückschnitt allzuleicht mit Gummifluß (Harzfluß) reagieren, sollen bereits im Sommer, am besten gleich nach der Ernte, verjüngt werden. Dies gilt für Kirsche und Pfirsich, während Zwetschen (Pflaumen) zusammen mit Apfel und Birne verjüngt werden können.
Bei schwachwachsenden und im Alter besonders zur Kleinfrüchtigkeit neigenden Apfelsorten wie beispielsweise 'Klarapfel', 'Goldparmäne', 'Prinz Albrecht von Preußen', 'Ontario' oder Birnen wie etwa 'Williams' und 'Gute Luise' werden die Vorteile einer Verjüngung besonders deutlich sichtbar, vor allem, wenn diese in Verbindung mit einer Stickstoffdüngung erfolgt. Durch Verjüngen lassen sich alternde Obstbäume zu neuem Leben erwecken.

... und hier nachher. Die Krone wurde um 3 bis 4 m heruntergesetzt, die starken Äste angepaßt, so daß anschließend eine stumpfpyramidale lichte Krone vorhanden ist.

Nachbehandlung ausgelichteter oder verjüngter Bäume

Halb-/Hochstamm, Buschbaum: Mit dem Auslichten und Verjüngen allein ist es allerdings nicht getan. Entscheidend für den langfristigen Erfolg ist die Nachbehandlung, denn an den verbliebenen Ästen und entlang des Stammes entstehen zahlreiche Jungtriebe.

Wasserschosse

Die beim Auslichten oder Verjüngen eines älteren Baumes entstehenden Triebe werden häufig als »Wasserschosse« bezeichnet. Sie entwickeln sich aus schlafenden Augen am alten Holz, die im Gegensatz zu den an den Trieben sitzenden Augen (Knospen) nicht sichtbar sind. Unter Wasserschosse versteht man also starkwüchsige, gutbelaubte Jungtriebe, die aus älteren Ästen und dem Stamm meist in großer Zahl hervorsprießen. Sie sind angereichert mit Assimilaten, die der Ernährung des Baumes zugute kommen. Vielfach zeigen sie Geilwuchs und sind zunächst unfruchtbar. Mit Hilfe der Wasserschosse reguliert der Baum zunächst das gestörte Gleichgewicht zwischen Wurzelwerk und Kronenvolumen. Während beim Auslichten und Verjüngen die Zahl der Äste beziehungsweise deren Länge erheblich verringert wird, bleibt das Wurzelwerk in vollem Umfang erhalten. Wasser- und Nährstoffaufnahme aus dem Boden bleiben also gleich, es kommt zu einem starken Andrang in den verbleibenden Holzteilen und somit zum Austrieb zahlreicher, vorher nicht sichtbarer schlafender Augen.

Neues Fruchtholz

Um eine lichte Krone zu bekommen, muß spätestens im nächsten Winter bei der Nachbehandlung der größte Teil der Wasserschosse herausgeschnitten werden. Von den auf den Astoberseiten befindlichen steil nach oben wachsenden Jungtrieben läßt man nur etwa alle 40–50 cm einen stehen, alle übrigen werden entfernt. Am besten nehmen wir diese Arbeit erst zu Beginn des Austriebs im Frühjahr vor. Der dann bereits im Saft stehende Baum wird auf diese Weise geschwächt und bildet nicht wieder zu viele, starkwachsende Jungtriebe. Die verbleibenden Wasserschosse werden nicht eingekürzt; sie setzen im zweiten Jahr nach ihrem Entstehen meist Blütenknospen an und tragen im Jahr darauf Früchte.
Danach entfernen wir die abgetragenen an der Ansatzstelle, damit es Platz für neue gibt, die sich inzwischen entwickelt haben. Würde man die zum Fruchten gekommenen ehemaligen Wasserschosse noch mehrere Jahre belassen, käme es zur Bildung sogenannter »Ständer« auf den Oberseiten der Äste und damit zur unerwünschten Beschattung der darunterliegenden Kronenteile. Schwächer entwickelte Jungtriebe, die nach dem Auslichten oder Verjüngen entstanden sind und sich leicht schräg oder beinahe waagrecht an den verbliebenen Ästen oder am Stamm befinden, können in engeren Abständen belassen werden. Sie entwickeln sich bald zu Fruchtholz.
Wer Zeit und Mühe nicht scheut, kann bereits im Sommer nach dem kräftigen winterlichen Eingriff die zu dicht stehenden Wasserschosse an der Ansatzstelle entfernen und die verbleibenden in eine leicht schräge bis fast waagrechte Lage binden. So können sich auch diese Triebe in absehbarer Zeit zu Fruchtholz entwickeln.
Hier noch eine andere Möglichkeit, um aus Wasserschossen gezielt Fruchtholz heranzuziehen: Wir kürzen alle Triebe, die nach dem winterlichen Auslichten der Wasserschosse am Baum verbleiben, auf vier bis sechs Augen (Knospen) ein. Aus dem obersten Auge des eingekürzten Triebes entwickelt sich im Laufe des Frühsommers meist ein neuer, kräftiger und steil nach oben wachsender Holztrieb, während aus einer

Fruchtholz aus »Wasserschossen«: Erst auf 4–6 Augen einkürzen; im Winter danach auf einen waagrechten Trieb zurücksetzen.

der darunter liegenden Knospen vielfach ein schwächerer, etwas schräg oder fast waagrechter Trieb entsteht. Im Winter darauf schneiden wir bis auf diesen zurück; es bildet sich Fruchtholz.
Neben solchen Jungtrieben, die bald blühen und fruchten, verbleibt in einer gut ausgelichteten oder verjüngten Krone auch so manches alte Fruchtholz. Wenn wir es ebenfalls leicht verjüngen, also etwas einkürzen, werden sich daran Blüten und Früchte von wesentlich besserer Qualität als vorher entwickeln.
Die Nachbehandlung ist ebenso wichtig wie das Auslichten oder Verjüngen selbst. Ohne eine fachgerechte Nachbehandlung würde bald wieder eine viel zu dichte Krone entstehen.

Gesunde Bäume reagieren nach dem Auslichten mit starkem Neutrieb aus dem Stamm und den verbliebenen Ästen. Durch richtigen Schnitt läßt sich daraus Fruchtholz erzielen, also Fruchtruten, Fruchtspieße und Ringelspieße. Meist dauert es 2 Jahre bis zur Blüte.

Schneiden, sägen, Wundbehandlung

Es ist nicht nur wichtig zu wissen, welche Triebe eingekürzt, welche ganz weggeschnitten und welche unbehandelt im Baum verbleiben sollen. Ebenso wichtig ist, wie mit Schere und Säge gearbeitet werden soll, damit möglichst kleine Wunden entstehen, die bald verheilen.

Schneiden mit der Schere

Die Schere gebrauchen wir, um jüngere Triebe einzukürzen oder wegzuschneiden. Mit der Schere wird altes Fruchtholz verjüngt und dichtes Triebgewirr im Außenbereich ungepflegter Kronen ausgelichtet.
Beim Aufbau junger Kronen (Pflanz- und Erziehungsschnitt) kommt es darauf an, daß beim Rückschnitt des Stammes und der Leitäste tatsächlich das Auge (Knospe) austreibt, das wir für die Triebverlängerung vorgesehen haben. Bei den Leitästen muß dies ein nach außen gerichtetes Auge sein. Um dies zu erreichen, muß der Schnitt leicht schräg und dicht über diesem Auge erfolgen. Erfolgt der Schnitt dagegen zu schräg und entsteht dabei eine lange Wunde, so kann es zum Austrocknen des Auges kommen; es treibt dann nicht aus, sondern das darunter befindliche. Nachdem dieses aber in eine andere Richtung zeigt als das für die Triebfortsetzung vorgesehene Auge, wächst auch der neue Trieb in eine unerwünschte Richtung. Wer die Zusammenhänge kennt und beobachtet, kann zwar nach erfolgtem Austrieb korrigierend eingreifen, doch läßt sich dies

Wasserschoßbildung nach kräftigem Auslichten ... und: wenn so gesägt wird, schlitzt der Ast nicht ab.

durch sauberen Schnitt vermeiden.
Ebenso nachteilig ist es, wenn wir schlampig schneiden und über dem Auge ein Zapfen stehen bleibt. Dieser trocknet ein, die Schnittwunde kann nicht verheilen.
Doch nicht nur der Rückschnitt von Trieben, auch das völlige Wegschneiden von Trieben und Zweigen will gelernt sein: An Triebgabelungen den Trieb immer von unten her entfernen! Nicht mit der Schere seitlich oder von oben her schneiden, da sonst ein kleiner Zapfen oder zumindest der Astring verbleibt, aus dessen schlafenden Augen sich unerwünschte, meist in das Kroneninnere gerichtete Triebe entwickeln.
Bei falschem Schnitt kommt es außerdem leicht zu Quetschwunden, die schlecht verheilen.
Während beim Pflanz- und Erziehungsschnitt die Verlängerungstriebe an Stamm und Leitästen eingekürzt werden, erfolgt in späteren Jahren ein Absetzen oder Ableiten auf nach außen wachsende Äste, Zweige oder Triebe. Dies gilt vor allem für den Instandhaltungsschnitt, aber auch beim Auslichten oder Verjüngen älterer Baumkronen. Durch ein solches Ableiten wird die Krone weiter geöffnet, es gelangt mehr Licht in das Innere. Doch auch beim Erziehungsschnitt, also während des Aufbaus der jungen Krone, bietet sich häufig ein Trieb, Zweig oder Ast an, der mehr nach außen wächst. Wir schneiden dann die eigentliche Leitastverlängerung auf den nach außen wachsenden Triebteil zurück, leiten also ab und kürzen erst dann die neu gewonnene Leitastverlängerung auf ein nach außen gerichtetes Auge ein.
Wichtig ist, daß beim Ableiten besonders sorgfältig mit der Schere oder Säge gearbeitet wird: Wir schneiden oder sägen den zu entfernenden Baumteil unmittelbar an dem Trieb oder Ast ab, auf den abgesetzt werden soll; es sollte parallel zu diesem geschnitten oder gesägt werden. Andernfalls würden große Wunden oder Stummeln entstehen, die sehr schlecht verheilen. Anschließend werden die Wunden mit einem Wundverschlußmittel verstrichen.

Richtiges Ansetzen der Baumschere (links). Am Wulst unterhalb der Schnittstelle befinden sich schlafende Augen, die im Frühjahr austreiben (rechts).

Immer so sägen, daß die Wunde möglichst klein gehalten wird. Sorgfältig verstreichen. Keine »Kleiderhaken«, also Aststummel, stehen lassen!

Auch Sägen will gelernt sein

Vor allem beim Auslichten älterer ungepflegter Bäume, beim Verjüngen oder Vorbereiten zum Umveredeln ist die Säge das wichtigste Werkzeug. Schwächere Äste sägen wir von oben nach unten durch, wobei die linke Hand den Ast hält und ihn leicht nach unten drückt, während mit der rechten gesägt wird. Voraussetzung ist dabei eine standfeste Leiter oder ein kräftiger Ast, der sicheren Stand ermöglicht. Andernfalls halten wir uns besser mit der linken Hand an einem anderen Ast fest und sägen mit der rechten. Wenn wir kurz vor dem Durchsägen sehr schnell arbeiten, gibt es eine saubere Schnittwunde, der Ast fällt zu Boden ohne abzuschlitzen. Stärkere Äste, etwa ab 8–10 cm Durchmesser, sägen wir dagegen erst etwas von unten an und dann, etwas versetzt, von oben nach unten durch. Dieses Absägen erfolgt nicht unmittelbar am Stamm oder einem Ast der verbleiben soll, sondern etwas von der endgültigen Schnittstelle entfernt, eben dort, wo wir einen guten Stand haben und möglichst bequem sägen können. Anschließend wird an der eigentlichen Ansatzstelle sauber von oben nach unten nachgeschnitten.

Behandlung größerer Wunden: Erst Wundrand mit Hippe glätten, dann die gesamte Wunde mit einem Wundverschlußmittel verstreichen.

Wichtig ist dabei, daß die Schnittfläche so klein wie nur möglich bleibt. Wir schneiden deshalb auf »Astring«, d.h. unmittelbar an der leicht schrägen wulstartigen Erhebung, die sich an den Ansatzstellen von Ästen befindet. Von hier aus beginnt die Wunde besonders gut zu verheilen. Ebenso falsch wie zu dicht am Stamm abzuschneiden (große Wunde!), wäre es, »Kleiderhaken« stehenzulassen. Solche Zapfen verheilen nicht, sie trocknen ein.

Sehr wichtig: Die Wundbehandlung

Beim Obstbaumschnitt entstehen zahlreiche Wunden. Kleinere verheilen von selbst, sobald sie aber größer als ein

Die linke Wunde wurde vor einem Jahr behandelt: Die Kallusbildung und beginnende Überwallung setzt vom Rand her ein.

5-Mark-Stück sind, sollte man sie nachbehandeln. Dazu schneiden wir die Wundränder mit einem scharfen Messer (Hippe) glatt und verstreichen sie mit einem Wundverschlußmittel. Bewährt haben sich Spisin, Bayleton, LacBalsam u.ä., alles gut streichfähige Präparate, die sich auch bei kühler Witterung mit dem Pinsel, einer Spachtel oder einem schräg zugeschnittenen Zweigstück auftragen lassen.

Derart behandelte Wunden bilden rasch Wundkallus. Sie beginnen vom Rand her zu überwallen, in dem sich aus dem Kambium, also dem unter der Rinde befindlichen teilungsfähigen Gewebe neue Zellen bilden.

Dies gilt für alle Obstarten, soweit beim Schnitt größere Wunden entstanden sind. Eine Ausnahme machen Pfirsich und Aprikose, bei denen man auch die kleinen Wunden, wie sie beim Pflanz- und Erziehungsschnitt entstehen, verstreichen soll. Erst wenn die Bäume herangewachsen sind, können wir uns auch hier auf das Verstreichen von größeren Wunden beschränken.

Doch nicht nur im Zusammenhang mit dem Schnitt ist eine sorgfältige Wundenpflege wichtig, auch Beschädigungen an Stamm und Ästen, die durch Frost, Obstbaumkrebs, Abschlitzen eines Astes oder Hasenfraß entstanden sind, sollten möglichst rasch nachbehandelt werden. Auch in solchen Fällen werden die Wundränder im zeitigen Frühjahr, bzw. sobald der Schaden zu erkennen ist, mit einem scharfen Messer (Hippe) nachgeschnitten und mit einem Wundverschlußmittel verstrichen. Bei Krebs- und Frostwunden reicht es allerdings nicht aus, daß vor dem Verstreichen nur die Wundränder glattgeschnitten werden. Krebsstellen schneiden wir vielmehr gründlich bis auf gesundes Holz und Rinde aus. Handelt es sich um Frostplatten, so wird der erfrorene, eingesunkene Rindenteil beseitigt und von den meist braunen Rändern soviel weggeschnitten, bis das gesunde grüngelb gefärbte Holz sichtbar wird.

Spindelbusch – Pflanz- und Erziehungsschnitt

Spindelbüsche, in einer Reihe entlang der Gartengrenze gepflanzt, bieten Sichtschutz, schließen aber nicht so dicht ab wie eine Hecke. Zudem blühen sie ebenso hübsch wie Ziersträucher und bringen reiche Ernte.

Spindelbüsche behalten zeitlebens eine kleine Krone. Sie werden nicht höher als 2–2,50 m. Alle nötigen Pflegearbeiten, vor allem Ernte und Schnitt können bequem durchgeführt werden. Wir benötigen dazu nur einen Hocker oder eine niedrige Haushaltsstaffelei, das meiste läßt sich sogar aus dem Stand erledigen.

Wegen der kleinbleibenden Krone genügen Pflanzabstände von 1,80–2,50 m. Wir können deshalb auf der gleichen Fläche, die ein Halb- oder Hochstamm beansprucht, 6–8 Spindelbüsche unterbringen. Eine ideale Möglichkeit für den Haus- und Kleingarten, mehrere Sorten zu pflanzen. Der geringe Platzbedarf setzt allerdings voraus, daß der Spindelbusch in der Baumschule auf eine schwachwachsende Unterlage veredelt wurde. Je nach Bodenart und Sorte eignet sich M 27, M 9, M 26 und eventuell M 7 besonders gut. Für Birnen wird die verhältnismäßig schwachwachsende Quitte verwendet, doch bleiben Birnspindelbüsche auf dieser Unterlage meist nicht ganz so klein wie dies bei Apfelsorten auf M 27 usw. der Fall ist.

Ein weiterer Vorteil des Spindelbusches: Er trägt meist schon ab dem 2. Jahr nach der Pflanzung. Nach wenigen Jahren kann man von einem gepflegten Bäumchen, durchaus 150 und mehr Äpfel oder Birnen, also 20–40 kg und darüber ernten. Es empfiehlt sich deshalb, je nach Grundstücksgröße nur einen oder wenige großkronige Obstbäume (Halb- und Hochstamm) zu pflanzen – mehr aus gestalterischer Sicht an markante Stellen – und den Obstbedarf überwiegend von Spindelbüschen zu decken. Anstelle einer dichten Hecke können z.B. Spindelbüsche in einer Reihe entlang der Nachbargrenze stehen. Auf diese Weise läßt sich lockerer Sichtschutz und Ernte von Qualitätsobst kombinieren.

Spindelbüsche werden allerdings nicht so alt, als die auf Sämlingsunterlage veredelten Apfel- und Birnbäume (Halb- und Hochstämme); man kann mit etwa 20–25 Jahren rechnen. Außerdem benötigen sie wegen des schwachen Wurzelwerkes zeitlebens einen Pfahl oder ein Spaliergerüst.

Pflanzschnitt bei einjähriger Veredlung. Die Stammhöhe soll etwa 50 cm betragen.

Pflanzschnitt

Er wird ebenso wie beim Halb- und Hochstamm im zeitigen Frühjahr durchgeführt, ganz gleich, ob der Baum bereits im vorhergehenden Herbst oder soeben erst im Frühjahr gepflanzt wurde.

Haben wir den Spindelbusch in der Baumschule als einjährige Veredlung mit einigen vorzeitigen Trieben gekauft, so entfernen wir zunächst einmal alle zu tief angesetzten Triebe bis auf etwa 50 cm Stammhöhe. Danach werden die darüber

Reichtragender Spindelbusch mit locker gestreuten Fruchtästen. Sorte: 'Weißer Winterglockenapfel'.

befindlichen zu dicht oder sehr steil stehenden vorzeitigen Triebe weggeschnitten bis nur noch 3–4 seitliche Triebe verbleiben, die wir auf 3–5 Augen einkürzen. Dabei werden die oberen Triebe weiter zurückgeschnitten (3 Augen), die unteren länger (5 Augen) belassen. Der Mitteltrieb wird schließlich auf 5–7 Augen über dem zuoberst befindlichen seitlichen Trieb zurückgeschnitten, so daß von Anfang an eine pyramidale Krone vorhanden ist, ähnlich einem Weihnachtsbaum. Nach diesem Rückschnitt hat die gepflanzte einjährige Veredlung, also der Mitteltrieb, meist noch eine Höhe von 0,90–1,20 m. Zum Begriff »vorzeitige Triebe«: Das sind Verzweigungen, die sich im selben Jahr an den jungen einjährigen Trieben bilden. Haben wir dagegen den Baum von der Baumschule mit zweijähriger Krone bezogen, wie in den meisten Fällen, so werden zuerst der Konkurrenztrieb sowie die tiefer als 50 cm über dem Boden entstandenen Triebe weggeschnitten. Dann binden wir vier gut verteilte Triebe fast waagrecht, sofern sie nicht von selbst in ziemlich flachem Winkel aus dem Stamm entspringen. Diese Triebe, die in etwa den späteren Fruchtästen beim Halb- und Hochstamm entsprechen, bleiben so wie sie sind, d.h. sie werden nicht eingekürzt. Dadurch setzt der Ertrag früher ein und als Abstand zum nächsten Spindelbusch genügen bei dieser Methode meist 1,50–2 m, da das Bäumchen schlank bleibt. Man kann aber ebensogut diese ersten 4 Triebe in eine nur leicht schräge Stellung (evtl. abspreizen) bringen und sie um mindestens ein Drittel bis zur Hälfte auf ein nach außen gerichtetes Auge einkürzen. In diesem Fall entwickelt sich ein Gerüst aus kräftigeren Fruchtästen und man sollte von Baum zu Baum 2–2,50 m Abstand einhalten.
Sollten noch weitere starke Triebe entlang des Stammes vorhanden sein, so werden diese bei beiden Möglichkeiten des Pflanzschnittes entfernt, andernfalls würde die Krone später zu dicht. Vorhandene Kurztriebe verbleiben dagegen am Stamm; sie werden nicht zurückgeschnitten. Abschließend wird der Mitteltrieb auf 5–7 Augen (Knospen) über dem obersten seitlichen Trieb

zurückgeschnitten. Dadurch treiben die verbleibenden Augen zuverlässig aus, d.h. entlang des Mitteltriebes entstehen viele Seitentriebe beziehungsweise Fruchtholz. Auch an den waagrecht gestellten oder leicht schrägen Fruchtästen entwickelt sich rasch Fruchtholz. Dadurch setzt der Ertrag bei Spindelbüschen bereits im 2. Jahr nach der Pflanzung ein.

Erziehungsschnitt

In den folgenden Jahren sollen entlang des Stammes weitere Fruchtäste entstehen, locker gestreut und so am Stamm angeordnet, daß sie zwischen den darunter befindlichen Fruchtästen auf Lücke stehen. Beim Rückschnitt dieser Triebe auf nach außen gerichtete Knospen streben wir eine spitzpyramidale Krone an. Im Gegensatz zum Halb- und Hochstamm, bei denen das Kronengerüst aus Stamm (Mitteltrieb), Leitästen und Seitenästen besteht, an denen sich Fruchtäste und kürzeres Fruchtholz befinden, bauen wir den Spindelbusch nur mit dem Stamm und mehreren Fruchtästen auf; je Meter Stammlänge können wir etwa 5–7 solcher Fruchtäste belassen, an denen sich, ebenso wie entlang des Stammes, kürzeres Fruchtholz entwickelt. Neben dem weiteren Aufbau der kleinen Spindelbuschkrone beschränkt sich die Schnittarbeit in den folgenden Jahren überwiegend auf eine leichte Verjüngung: Wir leiten abgetragene Triebteile, die meist bogenförmig nach unten hängen, auf Jungtriebe ab, die an deren Scheitelpunkt entstanden sind. Ebenso wird Fruchtholz, das älter als 3 Jahre ist, ent-

Derselbe Baum wie auf S. 45, vor und nach einem leichten Verjüngen. Er wurde vor allem in der Höhe zurückgesetzt, damit er im unteren Bereich lebendig bleibt. Alter: etwa 20 Jahre.

fernt, da sich sonst der reichtragende Spindelbusch rasch erschöpfen würde. Bei Apfelsorten, die bereits am einjährigen Holz blühen, wie 'James Grieve', 'Golden Delicious' und anderen läßt man die Fruchttriebe nur 2 Jahre alt werden.

Ab dem 5.–6. Jahr setzen wir die Fruchtäste auf günstig gestellte Jungtriebe ab, beziehungsweise kürzen die Enden der Fruchtäste etwas ein. Dadurch wird der Neutrieb angeregt und einer raschen Erschöpfung vorgebeugt.

Nach dem Schnitt soll der Spindelbusch seine pyramidale Form beibehalten. Wir achten darauf, daß die unteren Fruchtäste länger als die oberen sind. Dadurch sieht das Bäumchen nicht nur hübsch aus, sondern diese Form hat vor allem praktische Gründe: Bei einer Pyramidenform sind alle Teile optimal belichtet. Beläßt man dagegen die zur Spitze hin entstandenen Fruchtäste länger als die darunter befindlichen, so führen letztere bald ein »Schattendasein«. Sie würden bald von den weiter oben befindlichen, vom Saftstrom her begünstigten Trieben überbaut und mehr und mehr verkümmern.
Neben dem Schnitt im Winter empfiehlt sich bei Spindelbüschen ein Sommerschnitt, nicht nur im Jahr der Pflanzung und die ersten Jahre danach, sondern auch später. Siehe unter »Sommerschnitt«, S. 24.

Verjüngen

Nach weiteren Ertragsjahren wird schließlich ein Verjüngen notwendig. Sobald der jährliche Neutrieb nur noch wenige Zentimeter beträgt, setzt man die Stammverlängerung (Mitteltrieb) einen halben Meter und mehr herunter. Gleichzeitig werden alle Fruchtäste kräftig bis ins alte Holz hinein zurückgeschnitten, d.h. wir setzen sie auf Triebe ab, die sich näher am Stamm befinden und verjüngen das Fruchtholz.

Obsthecke

Anstelle einer Reihe von Spindelbüschen können wir entlang der Nachbargrenze auch eine Obsthecke ziehen. Ernte und Sichtschutz lassen sich auf diese Weise gut kombinieren. Außerdem wird noch weniger Platz benötigt, weil sich die Äste nur nach 2 Seiten hin entwickeln. Diese Erziehungsform bietet sich deshalb besonders für schmale Reihenhaus- und auch für Kleingärten an. Ein weiterer Vorteil: Die Früchte bekommen besonders viel Sonne und färben sich vorzüglich aus.

Ich muß allerdings zugeben: Spindelbüsche gefallen mir besser und zwar aus optischen Gründen. Dies sind richtige kleine Bäumchen, eine Obsthecke dagegen ist eine grüne Wand. Zur Blütezeit färbt sie sich zwar weißlich-rosa, der herbstliche Fruchtbehang ist eine Schau, aber – es bleibt eben eine Wand. Wer genügend Platz hat, sollte sich dies vor der Pflanzung überlegen. Eine weitere Entscheidungshilfe, wenn auch leicht ironisch gemeint: Wer seine Nachbarn gerne sieht, pflanzt Spindelbüsche, wem diese weniger sympathisch sind, schirmt sich mit einer Obsthecke ab!

Eine Obsthecke ist wesentlich leichter zu ziehen als etwa ein strenges Formspalier. Die Triebe werden an einem Drahtgerüst befestigt, dessen Bau u.a. in »Freude und Erfolg im eigenen Obstgarten«, ebenfalls BLV Verlagsgesellschaft München) beschrieben ist. Als Bäume pflanzen wir – ebenso wie beim Spindelbusch – ein- oder zweijährige Veredlungen. Geeignete Unterlagen für die Heckenerziehung sind M 9 und M 26, schwachwachsende, sowie M 7, M 4 und M 104, die etwas stärkerwachsend sind. Sind die Bäumchen auf die letztgenannten Unterlagen veredelt, sollte der Pflanzabstand etwas weiter, etwa 2,50 m, gewählt werden.

Der Schnitt ist einfach: Die stärkeren Triebe sollen sich nur nach 2 Seiten hin entwickeln. Diese seitlichen Äste werden in einem stumpfen Winkel zum Stamm oder aber weitgehend waagrecht gezogen. Bereits bei der Pflanzung heften wir die beiden untersten Seitentriebe an den untersten Draht und kürzen den Mitteltrieb über einer etwa 50 cm darüber befindlichen Knospe ein. Anfänglich sollten diese Seitentriebe immer leicht schräg nach oben gerich-

Eine Obsthecke beansprucht wenig Platz. Die Fruchtäste werden nur nach links und rechts gezogen.

tet sein, da sie sonst gegenüber dem Mitteltrieb wuchsmäßig zu sehr benachteiligt würden. Erst im Laufe des Sommers binden wir sie dann, sofern eine Hecke mit weitgehend waagrechten Ästen angestrebt wird, mehr waagrecht auf den untersten Draht herunter.
Die aus den Endknospen der Seitenäste nach dem Austrieb entstehenden Jungtriebe sollten den Sommer über immer schräg nach oben wachsen, weil sie sich dadurch wesentlich kräftiger entwickeln. Notfalls können wir sie stäben, damit sie in diese Stellung kommen. Erst wenn sie im Herbst weitgehend verholzt sind, also im Herbst, binden wir sie auf den Draht herunter. Dies gilt auch für die kommenden Jahre bis die Obsthecke fertig aufgebaut wird.

Nach dem Pflanzschnitt treibt das oberste Auge kräftig aus. Auch aus den dicht darunter befindlichen Augen entstehen Triebe, von denen die 2 geeignetsten wiederum zu beiden Seiten entlang des folgenden Spanndrahtes gezogen werden. Im kommenden Frühjahr schneiden wir wieder nur die Mitte auf 50 cm über der 2. Astserie zurück, damit die nächsten Seitenäste entstehen können. So entwickelt sich eine freiwachsende Obsthecke, aus der nur alle sehr steil wachsenden und die zu dicht stehenden Triebe an der Ansatzstelle entfernt werden. Schrägstehende Triebe, die sich am Stamm zwischen den seitlichen Ästen bilden, binden wir im Sommer waagrecht. Diese und flachstehende Triebe, die sich am Stamm oder den Ästen parallel

Wenn das kein Erfolgserlebnis ist! Mustergültig gezogener Baum aus einer Obsthecke. Abstand der Drähte ca. 50 cm, Sorte: 'Goldparmäne'.

zum Drahtgerüst oder von diesem etwas weg entwickelt haben, bleiben ohne Rückschnitt; aus ihnen wird Fruchtholz. Weiter achten wir beim Aufbau der Hecke darauf, daß die weiter unten befindlichen Seitenäste immer länger als die Äste der nächsten Etage sind. Die Obsthecke sollte nicht höher als 2,20–2,50 m werden. Ein kleiner Garten wirkt optisch größer, wenn die Hecke niedriger bleibt, etwa 1,80–2,00 m (schwachwachsende Unterlage!). Sobald die Obsthecke die gewünschte Höhe erreicht hat, biegen wir den Mitteltrieb auf den obersten Spanndraht.

Spalier – freie Erziehung

Obstbäume an Hauswänden können als locker aufgebautes Spalier, als naturgemäßes Fächerspalier oder als strenges Formspalier gezogen werden. Die beiden erstgenannten Methoden erfordern weniger Kenntnisse, der Arbeitsaufwand ist geringer. Das Fruchtholz ist allerdings etwas ungleichmäßiger verteilt und steht meist weiter von der Hauswand ab, als dies bei einem strengen Formspalier der Fall ist.
Für eine größere Wandfläche eignet sich ein locker aufgebautes oder ein Fächerspalier besonders gut. Hier kann es sich frei entfalten, vor allem wenn eine starkwüchsige Sämlingsunterlage verwendet wurde. Selbst unter ungünstigeren klimatischen Verhältnissen – die Wahl geeigneter Sorten und richtiger Schnitt vorausgesetzt – bringen naturgemäß gezogene Spaliere regelmäßigere Erträge und ebenso schönes Obst wie ein im klassischen Fruchtholzschnitt behandeltes Formspalier. Sie sind ein Schmuck für jede Hauswand.

Das locker aufgebaute Spalier

Wir verwenden dazu das gleiche Pflanzmaterial wie beim Spindelbusch, also ein- oder zweijährige Veredlungen auf schwachwachsenden Unterlagen, wenn nur eine kleinere Wandfläche (Garage, Geräteschuppen u.ä.) bedeckt werden soll. Dagegen sollten die Unterlagen starkwachsend sein, wenn es sich um eine größere Wandfläche handelt. In diesem Fall wird in der Baumschule (Garten-Center) ein Baum gekauft, der auf Apfel- oder Birnsämling veredelt ist.
Nach der Pflanzung heften wir die beiden unteren Seitentriebe leicht schräg nach links und rechts an das Spaliergerüst an und kürzen sie um etwa ein Drittel auf ein nach vorne stehendes Auge ein. Der Mitteltrieb wird etwa 50 cm darüber abgeschnitten.
Dadurch treibt die Mitte kräftig durch, und es entstehen unterhalb der Schnittstelle am Stamm mehrere Triebe, von denen die 2 geeignetsten wiederum zu beiden Seiten an die nächstfolgende waagrechte Spalierlatte angebunden werden. Im Frühjahr darauf wird die Stammverlängerung erneut auf 50 cm über der 2. Astserie zurückgeschnitten, damit die

Birnenspalier in freier Erziehung. Äste schräg aufgeleitet und an Haken befestigt. Sorte: 'Clapps Liebling'.

Auch dieses Birnenspalier wurde recht locker gezogen. Ein Spaliergerüst fehlt, die Äste sind an kräftigen Mauerhaken befestigt.

nächsten Seitenäste entstehen können. So entwickelt sich ein locker aufgebautes Obstspalier, an dem nur die am Stamm und an den seitlichen Ästen sehr steil und zu dicht stehenden Triebe an der Ansatzstelle entfernt werden.
Darauf achten, daß die unteren Spalieräste immer länger sind als die der nächstfolgenden Etage! Die so entstehende Spalierform ähnelt im Aussehen dem strengen Formspalier, entspricht aber vom geringen Arbeitsaufwand her dem Fächerspalier.

Das Fächerspalier

Es sieht besonders im Winter malerisch aus (Zeichnung S. 77) und eignet sich vor allem für Pfirsich, Aprikose und Sauerkirsche. Nach der Pflanzung wird der Mitteltrieb nicht senkrecht gezogen und eingekürzt, sondern leicht schräg gebunden. Durch das Umbiegen wird die Triebkraft gebremst und die Entwicklung von Fruchtholz gefördert. Kräftige, senkrecht stehende Holztriebe, die sich an der Biegungsstelle bilden, nicht einkürzen, sondern nach links und rechts bogenförmig umlegen und am Spaliergerüst anbinden. Das Zuviel an starkwachsenden Trieben dicht an der Ansatzstelle wegschneiden. Nicht einkürzen, da sonst zahlreiche Holztriebe entstehen würden, also »Besenbildung« und Holzproduktion auf Kosten der Fruchtbarkeit. Eingekürzt wird bei einem Fächerspalier nur, wenn die unteren Augen der bogenförmig gebundenen Triebe nicht austreiben und hier kein Fruchtholz entsteht. Triebe am besten im Juli/August waagrecht binden bzw. bogenförmig umlegen; sie sind dann noch weich und biegsam.

Die Birne eignet sich vorzüglich als Wandspalier, der Apfel dagegen nur ausnahmsweise (z.B.: 'Weißer Winterkalvill'). Empfehlenswerte Unterlagen: Birnsämling für größere, Quitte für kleinere Wandflächen wie Garage, Geräteschuppen und ähnliches.

Spalier – Klassischer Fruchtholzschnitt

Streng geschnittene Formobstbäume, sei es an der Hauswand oder aber an einem Spalier freistehend im Garten, kommen wieder in Mode. Sie verursachen zwar viel Arbeit, doch so mancher Hobbygärtner hat bei zunehmender Freizeit seinen Spaß daran, sich im klassischen Fruchtholzschnitt zu üben. Vor allem Hauswände lassen sich auf diese Weise mit geometrischen Astformen bekleiden, Haus und Garten bekommen eine persönliche Note.

Gerade Birnensorten, die zu kurzer Fruchtholzbildung neigen, eignen sich bestens für strenge Spalierformen. Das gleiche gilt für den Apfel, allerdings mit der Einschränkung, daß er nur im Garten an einem Lattengerüst gezogen werden soll, nicht aber an der Hauswand; hier ist es für diese Obstart zu warm und trocken, der Wuchs läßt meist zu wünschen übrig, es kommt leicht zu Schädlingsbefall. Ich kenne nur eine Sorte, die sich für ein Spalier an der Hauswand, sogar möglichst Südseite, vorzüglich eignet: 'Weißer Winterkalvill'.

Wenn dann noch zusätzlich ein vorstehendes Dach den Regen völlig abhält, kann man von dieser hochwertigen aber ebenso empfindlichen Sorte ohne jegliche Spritzung köstliche und völlig krankheitsfreie Äpfel ernten, die sich bis zum März lagern lassen.

Ein mit unglaublicher Akribie gezogenes Wandspalier, eine moderne Birnen-Grafik! Das Fruchtholz ähnelt allerdings Hirschgeweihen und sollte verjüngt werden.

Winterschnitt

Der Pflanzschnitt erfolgt wie bei einem locker aufgebauten Spalier oder Fächerspalier. Nachdem sich im Laufe des Sommers aus den Endknospen der beim Pflanzschnitt stark eingekürzten Triebe ein kräftiger Neutrieb gebildet hat, werden im kommenden Winter die Fortsetzung des Stammes und der Spalieräste soweit zurückgeschnitten, daß alle Augen austreiben und sich die Äste möglichst gleichmäßig mit Fruchtholz bekleiden.
Über die richtige Stärke des Rückschnitts kann keine genaue Angabe gemacht werden, sie schwankt je nach Sorte, Boden, Düngung usw. Wir sollten deshalb gut beobachten. Zumindest im 2. Winter nach der Pflanzung können wir feststellen, wie der Baum auf den Rückschnitt reagiert hat: Haben nach dem letztjährigen Schnitt nicht alle Augen ausgetrieben, ist also der untere Teil der Verlängerungstriebe kahl geblieben, so sollte diesmal stärker zurückgeschnitten werden. Ist dagegen aus allen Knospen ein Austrieb erfolgt und war dieser

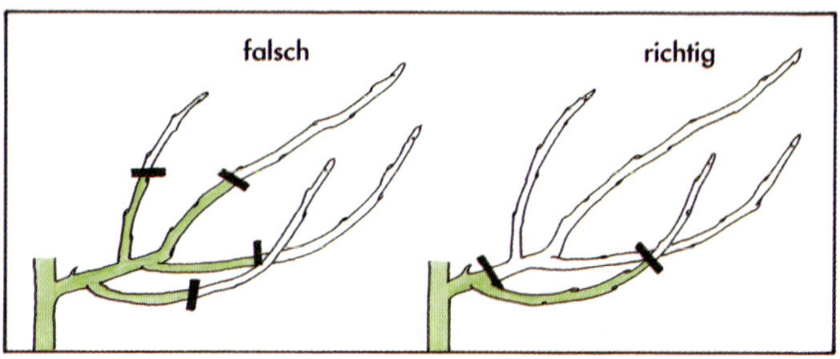

Ein Traum in Weiß-Rosa! Wer möchte nicht gerne in diesem Laubengang aus ungezählten Apfelblüten lustwandeln? Auch ein Liebhaber kann solch ein Kunstwerk zustandebringen, wenn er sich mit dem klassischen Fruchtholzschnitt befaßt. Wichtig: Nur Äpfel und Birnen auf schwachwachsender Unterlage pflanzen!

teilweise sogar zu stark, so genügt ein mäßiger Rückschnitt.
Der winterliche Rückschnitt der Verlängerungstriebe erfolgt möglichst über einem nach vorne stehenden Auge. Bei mehrarmigen Formbäumen schneiden wir außerdem so, daß anschließend die einzelnen Äste gleich lang sind. Damit auch die im unteren Bereich der Verlängerungstriebe vorhandenen Augen an aufrecht oder schräg gezogenen Spalierästen sicher austreiben, bringen wir über diesen mit der Hippe oder einem anderen scharfen

Reiche Ernte: 703 Stück köstlich schmeckende 'Gute Luise' brachte dieses Birnspalier im Jahr der Aufnahme.

'Weißer Winterkalvill' als Wandspalier; möglichst an der Südseite und unter dem Vordach. Hier: 34 Äpfel im 2. Jahr nach der Pflanzung.

Messer halbmondförmige Einschnitte an, die bis in das Splintholz (S. 29) reichen müssen. Der Winterschnitt wird am besten erst nach dem Ende der größten Kälte, also gegen Ende Februar vorgenommen, weil sonst die Endknospen, aus der wir die Fortsetzung der Spalieräste erwarten, beschädigt werden könnten.

Sobald dann im Frühjahr die aus dem obersten Auge jedes eingekürzten Verlängerungstriebes entstandenen Neutriebe etwa 20 cm lang geworden sind, binden wir sie an die Spalierlatten an. Wachsen gleichwertige Äste ungleich, so werden die stärkerwachsenden Astverlängerungen zugunsten der schwächerwachsenden entspitzt. Bei Spalieren mit Stamm und waagrechten Ästen ist außerdem darauf zu achten, daß die weiter unten am Stamm befindlichen Äste immer länger sind als die weiter oben angesetzten. Auch hier gilt: je höher sich Triebe am Baum befinden, desto mehr werden sie im Wachstum gefördert, weil der Saft-Nährstoffstrom nach oben steigt.

Durch Entspitzen der jungen grünen Triebe entsteht kurzes, gut belichtetes Fruchtholz.

Sommerschnitt

Neben Fruchtholz entwickeln sich entlang der einjährigen Astverlängerungen, also an den Trieben, die im vorigen Jahr entstanden sind, zahlreiche Holztriebe. Sie müssen in kurzes Fruchtholz umgewandelt werden, damit die gewünschte strenge Baumform entsteht. Dazu entspitzen (pinzieren) wir die jungen grünen Triebe, sobald sie etwa 20 cm lang geworden sind, d.h. wir kneifen mit den Fingern die Triebspitzen über etwa 3–4 gut entwickelten Blättern aus. Dieses Entspitzen sollte nicht unmittelbar am Blatt, sondern etwas darüber erfolgen.

Auf diese erste Entspitzung hin reagiert der Baum meist mit erneuter starker Holztriebbildung: Aus den oberen 1–3 Augen der entspitzten Triebe entwickeln sich neue Triebe. Ist nur aus dem obersten Auge ein Trieb entstanden, so wird dieser

Sommerschnitt

jetzt auf 2 Blätter über der Entstehungsstelle entspitzt, sobald er an die 20 cm lang geworden ist. Treiben dagegen nach dem ersten Entspitzen aus mehreren oberen Augen Holztriebe aus, darf stets nur einer verbleiben und zwar der unterste. Andernfalls würde das Fruchtholz zu dicht. Die unzähligen Triebe werden also über dem untersten weggeschnitten, die verbleibenden auf 2 gut entwickelte Blätter eingekürzt.

Holztriebe, die während des Frühsommers auf mehrjährigem Fruchtholz entstehen, kürzen wir stärker ein, weil sonst das Fruchtholz zu weit von den Hauptästen abstehen und die klassisch strenge Form stören würde. Es genügt, wenn hier beim 2. Entspitzen nur ein gut entwickeltes Blatt verbleibt.

Zeigt ein entspitzter schwacher Holztrieb keinen neuen Austrieb, so bleibt er während des 2. Entspitzens unberührt. In diesem Fall bildet sich vielfach aus dem obersten Auge eine Blütenknospe, zumindest aber bleibt der Trieb kurz.

Wichtig ist, daß die Triebe beim Entspitzen nicht länger als 20–25 cm, also nicht zu sehr verholzt sind. Sie sollten beim Entspitzen noch krautartig weich sein, weil sonst ihre Umwandlung in kurzes Fruchtholz nicht gelingt. Wasserschoßartige Holztriebe, die auf der Oberseite von waagrecht oder schrägstehenden Spalierästen entstehen, schneiden wir bald nach Entstehen unmittelbar am Ast ab. Es gelingt kaum, sie durch Sommerschnitt in Fruchtholz umzuwandeln. Nach dem Entfernen entstehen meist aus den an der Basis vorhandenen schlafenden Augen neue schwächere Triebe, die mehr seitlich gerichtet sind. Aus ihnen läßt sich auf die oben beschriebene Weise kurzes Fruchtholz erzielen. Wenn der Sommerschnitt richtig durchgeführt wurde, gibt es im kommenden Winter nicht mehr viel zu tun. Das kurze Fruchtholz bleibt unberührt. Sollten sich aus dem Fruchtholz »außerplanmäßig« Holztriebe entwickelt haben, so entfernen wir diese im Winter jeweils bis auf den untersten und kürzen diesen auf 2 Augen ein.

Keine Angst, durch Spalierbäume wird weder die Hauswand feucht, noch kommt es zu einer Spinnenplage. An unserem Haus wachsen seit Jahrzehnten 2 Weinstöcke und 7 Spalierbäume (Birne, Sauerkirsche, Apfel), ohne daß sich Nachteile gezeigt hätten. Selbst sehr schorfempfindliche Birnsorten bleiben frei von Befall – und dies ohne jede Spritzung! – wenn sie an eine Südwand, möglichst unter ein vorspringendes Dach gepflanzt werden. Durch die abgestrahlte Wärme ist der Birnenanbau auch noch in rauheren Gegenden möglich.

Spalierbäume beziehen das Haus in den Garten mit ein und geben ihm eine persönliche, romantische Note. Dieses 60 Jahre alte Birnspalier mußte vor 20 Jahren aus baulichen Gründen kniehoch über dem Boden abgesägt werden. Aus dem verbliebenen Stammstück hat sich erst ein kräftiger Holztrieb entwickelt, der inzwischen zum Stamm mit locker verteilten Spalierästen wurde.

»Hirschgeweihe« an älteren Formobstbäumen

Häufig läßt sich an älteren Spalierbäumen beobachten, daß das Fruchtholz zu dicht steht. In diesem Fall sollte es mit der Baumschere gelichtet werden, damit sich die Blätter nicht gegenseitig beschatten. Das gleiche gilt, wenn das Fruchtholz durch falsche Schnittbehandlung zu lang geworden ist und weit von der Hauswand oder vom Spaliergerüst wegsteht. Solche »Hirschgeweihe« gehören verjüngt, d.h. wir schneiden kräftig zurück, bis das verbleibende Fruchtholz nicht mehr als etwa 15–20 cm von den senkrechten, schrägen oder waagrechten Spalierästen entfernt ist. Nach einer solchen Verjüngung kommt die grafische Wirkung einer strengen Spalierform erst wieder richtig zur Geltung, vor allem aber bekommen Blätter und Früchte mehr Licht und Luft.

Pflanz- und Erziehungsschnitt

Wo in diesem Buch »Zwetsche, Pflaume« steht, sind immer auch Mirabellen und Renekloden mit gemeint. Bei ihnen gilt für den Schnitt in etwa dasselbe.
Je nach Pflanzstelle beziehen wir diese Obstarten in der Baumschule als Meter-Stamm oder Halbstamm. Letztere Baumform ist vorzuziehen, wenn wir die Zwetsche zum Beispiel zur leichten Beschattung des Kompostplatzes pflanzen wollen oder, in einem kleinen Garten, als »Hausbaum« in Terrassennähe. Der Meter-Stamm begünstigt dagegen ein bequemeres Ernten.

Pflanzschnitt

Er wird im Prinzip wie bei Apfel und Birne (S. 16) durchgeführt. Nachdem sich aber ein Zwetschenbaum nicht so mächtig entwickelt, können wir anstelle von 3 durchaus 4 Leitäste entstehen lassen. Sie sollten möglichst gleichmäßig um den Stamm verteilt sein, also in alle Himmelsrichtungen wachsen. Außerdem wollen wir darauf achten, daß diese Leittriebe nicht an einem Punkt am Stamm entstehen, da sie sonst von vorneherein schlecht verankert sind und später einmal allzuleicht abschlitzen könnten. Vielfach stehen die Triebe, die wir beim Pflanzschnitt als künftige Leitäste vorsehen wollen, sehr steil. Sie sollten unbedingt abgespreizt werden, damit sich von vorneherein die Krone in die Breite entwickelt und in das Innere viel Licht dringen kann. Wie bei Apfel und Birne wird der Konkurrenztrieb entfernt, ebenso überzählige steilstehende Triebe, die wir nicht für den Kronenaufbau benötigen. Schwache Triebe sollten dagegen verbleiben. Soweit sie sich nicht in einer annähernd waagrechten Lage befinden, binden wir sie waagrecht. Alle Einzelheiten hierzu können unter Pflanzschnitt bei Apfel und Birne nachgesehen werden. Abweichend hiervon ist lediglich der Rückschnitt des Mitteltriebes und der als künftige Leitäste belassenen kräftigen Triebe. Sie sollten bei diesen Steinobstarten stark eingekürzt werden, so daß nur noch etwa ein Viertel oder ein Fünftel ihrer bisherigen Länge verbleibt. Keine Angst, daß der Baum dadurch eingehen könnte, im Gegenteil, er wird aus den nach außen gerichteten Augen einen kräftigen Neutrieb entwickeln,

Pflanzschnitt: Nur 3–4 gut verteilte kräftige Triebe als künftige Leitäste belassen und scharf zurückschneiden. Nur so entsteht ein kräftiger Austrieb.

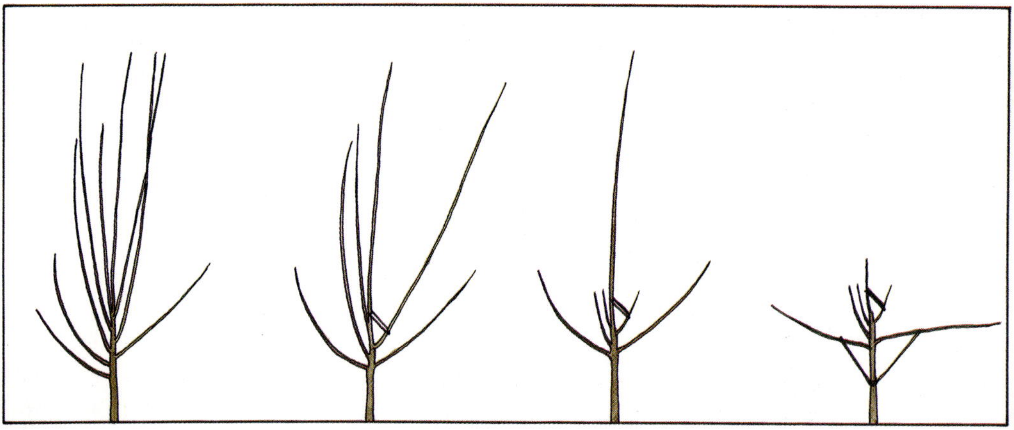

Beim Erziehungsschnitt alle Konkurrenztriebe (Abb.) und ins Kroneninnere wachsende Triebe entfernen. Künftige Leitäste und Stammverlängerung einkürzen.

bis zu 1,50 m lang oder sogar noch darüber.
Gelegentlich kommt es vor, daß der eigentliche Mitteltrieb schwächer wächst als der aus dem darunter folgenden Auge entstandene Konkurrenztrieb. In diesem Fall schneiden wir bereits im Sommer den Mitteltrieb bis auf einen etwa 10 cm langen Zapfen zurück und heften an diesem den Konkurrenztrieb mit Bast so an, daß er möglichst senkrecht wächst und nun die Mitte übernimmt. Der Zapfen wird im kommenden Winter sauber weggeschnitten, denn inzwischen wächst der neue Mitteltrieb senkrecht.

Erziehungsschnitt

Ein Jahr nach dem Pflanzschnitt beginnen wir mit dem Erziehungsschnitt und setzen diesen fort bis die Krone fertig aufgebaut ist. Von jetzt ab werden die Verlängerungen der Leitäste und des Stammes bei weitem nicht mehr so radikal eingekürzt wie bei der Pflanzung. Je nach Triebstärke genügt es meist, wenn diese Triebe um ein Drittel bis zur Hälfte zurückgeschnitten werden, immer auf ein Auge nach außen, damit eine lichte Krone entsteht. Würden wir weiterhin so kräftig einkürzen wie nach der Pflanzung, so käme es zur Bildung von zu vielen kräftigen Langtrieben, die wieder beseitigt werden müßten.
Richtig ist der Rückschnitt dagegen bemessen, wenn nur die obersten Augen kräftig durchtreiben, aus den darunter befindlichen Knospen dagegen schwächere und meist kürzere einjährige Langtriebe entstehen. Diese sind bei Zwetschen und Pflaumen nicht nur mit Blatt-, sondern teilweise auch mit Blütenknospen besetzt. Im übrigen bauen wir die Krone nach den gleichen Grundsätzen auf, wie wir sie bereits bei Apfel und Birne kennengelernt haben, also mit Stammverlängerung, Leitästen, Seitenästen usw. Sofern die Leit- oder Seitenäste zu steil stehen, spreizen wir sie mit Hilfe von Spreizhölzern ab, bzw. leiten sie auf mehr nach außen wachsende Triebe oder Zweige ab. Auch bei Zwetschen und Pflaumen sollte die Krone nach jedem Rückschnitt eine pyramidale Form haben.

Neue Stammverlängerung (Mitteltrieb) an Zapfen gebunden.

Instandhaltungsschnitt

Nachdem die Krone durch den Erziehungsschnitt aufgebaut ist, kommt es darauf an, sie auch in den folgenden Jahren licht zu halten. Mancher Gartenbesitzer ist zwar der Meinung, Zwetschen und Pflaumen bräuchten überhaupt keinen Schnitt, doch bei guter Beobachtung wird er rasch feststellen, daß sich auch hier die Arbeit mit Schere und Säge lohnt: Die Früchte werden größer, die Färbung wird verbessert und wir können mit regelmäßigeren Erträgen rechnen. Bei weitgehend sich selbst überlassenen, sehr dichten Bäumen kommt es dagegen oft in dem einen Jahr zu einer Massenernte, während im folgenden Jahr der Fruchtansatz zu wünschen übrig läßt.
Es lohnt deshalb, die fertige Krone durch einen regelmäßig durchgeführten Schnitt im gewünschten Zustand zu erhalten. Zumindest jedes 2. Jahr sollte in den Wintermonaten nachgesehen werden, ob sich nicht auf den Astoberseiten oder entlang des Stammes steil nach oben gerichtete kräftige Holztriebe entwickelt haben. Da sie den Lichtzutritt versperren, werden sie an der Ansatzstelle entfernt.

Die Krone dieses Zwetschenbaumes ist beinahe fertig aufgebaut. In den folgenden Jahren werden die Leitastverlängerungen nicht mehr eingekürzt, sondern auf tiefer angesetzte Triebe oder Äste abgeleitet.

Solche Triebe auf wenige Augen einkürzen in der Hoffnung, daß aus den verbleibenden Augen schwächere, weitgehend waagrechte Fruchttriebe entstehen, hat keinen Sinn. Meist entwickeln sich aus den verbleibenden Augen wiederum kräftig nach oben schießende Triebe, es entstehen auf den Astoberseiten sogenannte Besen, die den Lichtzutritt noch viel mehr versperren als die vorherigen einzelnen Triebe.

Des weiteren entfernen wir an Astverlängerungen die immer wieder entstehenden Konkurrenztriebe. Hat sich unterhalb einer Astverlängerung ein nach außen wachsender Trieb oder Zweig entwickelt, so leiten wir auf diesen ab. Dadurch wird die Krone zusätzlich geöffnet.
Bei zu hoch gewordenen Kronen setzen wir die Stammverlängerung auf einen weiter unten befindlichen seitlichen Ast ab, so daß im oberen Bereich eine Hohlkrone entsteht. Im übrigen gilt für den Instandhaltungsschnitt das bereits bei Apfel und Birne (S. 30) Gesagte.

Ist die Krone fertig aufgebaut, gibt es nicht mehr allzuviel zu schneiden. Die Verlängerungstriebe von Stamm, Leit- und Seitenästen werden nun nicht mehr eingekürzt. Dagegen entfernt man weiterhin alle den Lichtzutritt störenden Triebe und leitet Stamm und Äste gelegentlich ab.

Auslichten älterer ungepflegter Bäume

Ungepflegte Zwetschen-, Pflaumen-, Renekloden- und Mirabellenbäume mit sehr dichten Kronen finden sich in zahlreichen Haus- und Kleingärten. Durch Auslichten läßt sich zwar keine »Ideal«-Krone mehr herstellen, wir können aber den Lichtzutritt ins Kroneninnere und damit die Fruchtqualität wesentlich verbessern.

Wie beim Auslichten von Apfel und Birne (S. 34) werden erst einmal dürre Äste an der Ansatzstelle abgesägt. Als nächstes folgen Äste, die zu dicht aufeinanderliegen oder sich überkreuzen. Von zwei solchen Ästen wird immer einer entfernt. Damit nicht im Sommer nach dem Auslichten zu viel Neutrieb entsteht, wird das Auslichten auf 2–3 Jahre verteilt.

Richtig: Zu steil stehende Leitäste auf einen tiefer angesetzten Ast ableiten. Parallel zu dem nach außen wachsenden Ast schneiden und anschließend Wunde sorgfältig verstreichen.

empfindlich. Die kräftigen Äste und der Stamm sollten deshalb reichlich mit Fruchtholz garniert sein.
Nach solchen Auslichtungsarbeiten kommt es meist zu

Hier wurde ein sehr steil stehender Ast entfernt. Bereits dieser eine Schnitt brachte viel zusätzliches Licht ins Kroneninnere (links).
Ideal aufgebauter Zwetschenbaum. Lediglich die Leitäste hätten am Stamm etwas weiter voneinander entfernt sein sollen (unten).

starkem Neutrieb. Besonders auf den Oberseiten der verbleibenden Äste und entlang des Stammes entstehen zahlreiche kräftige Holztriebe (»Wasserschosse«); wir schneiden sie im Sommer, spätestens aber im kommenden Winter dicht an der Ansatzstelle weg. Nur schwächere, leicht schräg oder annähernd waagrecht entwickelte Triebe sollten verbleiben. Diese Arbeit setzen wir in den folgenden Jahren fort, bis sich Stamm und verbliebene Äste mit reichlich jungem Fruchtholz bekleidet haben.

Zuerst nimmt man die Äste aus der Krone, die besonders stören, also extrem dicht stehen und fährt dann die nächsten Jahre fort, bis genügend Licht in das Kroneninnere dringen kann.
Befinden sich im oberen Drittel starker Äste, schwächere Äste oder Zweige, die nach außen wachsen, so wird auf diese abgeleitet. Ähnliches gilt für die Stammverlängerung hoher Kronen: wir setzen sie auf einen tieferstehenden seitlichen Ast ab, so daß im oberen Bereich des Baumes eine Hohlkrone entsteht.
Gleichzeitig wird das dunkle, überaltete Fruchtholz mit der Schere gelichtet. Es darf aber nicht entfernt werden, denn Steinobst ist gegen direkte Besonnung starker Astteile sehr

Ähnlich wie bei dem alten Apfelbaum auf S. 22 wurde bei dieser Pflaume der »Stummelschnitt« angewendet. Der Unterschied liegt allerdings darin, daß der Apfelbaum von einer Gartenfreundin geschnitten wurde, die sich von keinem Trieb trennen konnte, und jeden einkürzte, um sich am neuen Austrieb zu erfreuen. Hier dagegen war eine »Gärtnerfirma« am Werk, die in Lokalblättern »Obstbäume schneiden« anbot und diese Verstümmelung außerdem in Rechnung stellte. Es lohnt daher für jeden Gartenfreund, sich mit Obstbaumschnitt zu befassen und die Arbeiten selbst durchzuführen. Dies macht Spaß, kostet nichts und die Bäume sind nicht »amputiert« wie auf dem Bild links und oben.
Doch selbst ein so gräßlich zugerichteter Baum läßt sich »reparieren« wie die Abbildung rechts oben zeigt. Nun muß nur noch der kräftige Austrieb wie bei »Erziehungs- und Instand-

haltungsschnitt« beschrieben, behandelt werden, damit in 2–3 Jahren eine halbwegs »normale« Baumkrone entsteht.

Starkwüchsiger Pflaumenbaum, an dem sämtliche einjährigen Holztriebe eingekürzt wurden. Dieser »Besenschnitt« hat starken Austrieb zur Folge. Es gibt viel Holz aber kaum Blüten. So wird der Kleingärtner, in dessen Garten der Baum steht, zum Kleinförster (rechts unten!). »Reparaturvorschlag«: Zu dicht stehende Äste an der Ansatzstelle entfernen. Verbleibende Äste mit mehreren kräftigen Trieben an den Enden auf einen nach außen wachsenden Trieb ableiten.

Gründlich schneiden von Anfang an

Der Pflanzschnitt wird wie bei Apfel und Birne (S. 16) durchgeführt. In der jungen Krone verbleiben nur 3 kräftige, nicht zu steil stehende Triebe, die möglichst gleichmäßig um den Stamm verteilt sein sollen. Nachdem Süßkirschen sehr starkwüchsig sind, sollten diese künftigen Leitäste entlang des Stammes besonders weit auseinanderstehen. Die übrigen in der Krone des neu gepflanzten Baumes vorhandenen Triebe, werden entweder weggeschnitten – wenn sie steil stehen – oder waagrecht gebunden. Anschließend kürzen wir die verbliebenen künftigen Leitäste auf nach außen zeigenden Augen ein.

Beim Erziehungsschnitt werden die künftigen Leitäste und die Stammverlängerung (Mitteltrieb) nur in den folgenden 2–3 Jahren eingekürzt. Die Jahre danach unterbleibt ein Rückschnitt. Wir setzen lediglich die Leitäste auf einen mehr nach außen wachsenden Trieb ab, entfernen Konkurrenztriebe und Triebe, die sich auf den Astoberseiten entwickelt haben und den Lichtzutritt ins Kroneninnere versperren.

Andere Triebe entlang der Leitäste und des Stammes – soweit sie genügend Platz haben – werden waagrecht gebunden. Dadurch kommt es zu frühzeitigem Ertrag. Gleichzeitig wird durch diese Maßnahme das kräftige Jugendwachstum etwas gebremst, die Kronen bleiben kleiner.

Beim späteren Instandhaltungsschnitt wird die Krone lediglich alle paar Jahre ausgelichtet. Eine Fruchtholzbehandlung entfällt. Dieser Schnitt und andere grobe Schnittarbeiten, wie das Entfernen größerer Äste oder ein Verjüngen der gesamten Krone, führen wir am besten gleich nach der Ernte, also im Juli und August durch. Die dabei entstehenden großen Wun-

Nach dem Herabsetzen auf tiefer stehende Äste ist diese Süßkirsche nur noch 4 m hoch. Ein Holzgestell und Netz zur Erntezeit bietet Schutz vor Vögeln.

den verheilen bei der Kirsche im Sommer besser als nach einem Winterschnitt.
Nachdem Kirschbäume oft sehr hoch werden, setzen wir nach der Ernte den Gipfel auf einen tieferstehenden Ast ab. Sobald sich nach einigen Jahren ein neuer Gipfel herausgebildet hat, wird diese Arbeit wiederholt. Andernfalls würde die Erntearbeit bei den ohnehin großkronigen Kirschbäumen noch mehr erschwert, vor allem aber können wir durch niedrigere Kronen Unfälle vermeiden oder zumindest abschwächen.

Schnitt bei Süßkirschen-»Spindelbusch«

Das oben Gesagte gilt für großkronige Süßkirschen, die meist als Halb- oder Hochstämme beziehungsweise als Meter-Stamm gepflanzt werden.
Solche Bäume eignen sich nur für große Gärten, sie gleichen zur Blütezeit einem prächtigen Zierbaum, haben aber den Nachteil, daß von den verlokkend roten Kirschen meist nicht allzuviel für den Eigenbedarf verbleibt. Das meiste holen sich die Vögel (Amseln), denn ein Schutz durch Netze ist bei den umfangreichen Kronen kaum möglich.
Aus diesem Grund ist es erfreulich, daß es neuerdings die Auslese 'Lamperts Compact' (Selektion Deutenkofen) gibt: eine kleinbleibende Süßkirsche. Der Baum bleibt zwar nicht so klein wie ein Apfel-Spindelbusch auf schwachwachsender Unterlage, es genügt aber ein Pflanzabstand von 2,50–3,00 m und die Krone läßt sich mit einem Netz gegen Vogelfraß schützen.
Näheres hierzu in »Mehr Freude und Erfolg im eigenen Obstgarten« oder in »Obstanbau im eigenen Garten«, beide BLV Verlagsgesellschaft München.
Hier nur kurz zum Schnitt: Ein Pflanzschnitt ist meist nicht nötig, da die Bäumchen in Kunststoff-Containern mit 0,60–0,80 m Stammhöhe geliefert werden, d.h. mit Ballen. Die Wurzeln sind also unbeschädigt, so daß ein Ausgleich durch kräftigen Rückschnitt der Triebe, die sich später zu Ästen entwickeln sollen, nicht nötig ist. Bei richtigem Schnitt in den folgenden Jahren läßt sich die Höhe auf 2,50 m bis maximal 3 m begrenzen. Ähnlich wie beim Spindelbusch erfolgt der Aufbau der Krone nicht nur mit 3, sondern mit 5–6 Hauptästen, an denen sich das Fruchtholz entwickelt. Diese Äste sollten entlang des Stammes locker gestreut sein, so daß sie auf Lücke stehen und einen darunter befindlichen Ast nicht überdecken. Nach diesem Kronenaufbau ist nur noch ein gelegentliches Auslichten nötig.

Die kleinbleibende Süßkirsche 'Lamperts Compact' vor der Pflanzung. Vom 4. Standjahr an kann man mit 5 kg, ab 10. Jahr mit 15 kg Ertrag je Bäumchen rechnen (rechts).

Buschbaum

Die Sauerkirsche unterscheidet sich im Wuchscharakter, in der Trieb- und Knospenbildung von der Süßkirsche. Deshalb ist auch der Schnitt ein anderer. Am besten pflanzen wir die verhältnismäßig kleinkronige Sauerkirsche als Buschbaum mit einer Stammhöhe von etwa 60 cm. So ist es möglich, die Krone zur Erntezeit mit einem Netz gegen Vogelfraß zu schützen. Einjährige Veredlungen, wie sie in den Baumschulen angeboten werden, haben vielfach nur eine Stammhöhe von 40 cm. Darüber befinden sich vorzeitige Triebe, d.h. Triebe, die während des Sommers an dem im gleichen Jahr herangewachsenen Mitteltrieb entstanden sind. In diesem Fall schneiden wir die unteren vorzeitigen Triebe weg, so daß sich eine Stammhöhe von 60 cm ergibt. Dadurch wird die spätere Bodenbearbeitung unter dem Baum erleichtert.
Über diesem 60 cm hohen Stamm belassen wir nur 3–4 vorzeitige Triebe und kürzen diese auf 2–4 Augen ein; wir führen also einen sehr scharfen Pflanzschnitt durch. Der Mitteltrieb wird eine Handspanne darüber auf eine gut ausgebildete Knospe zurückgeschnitten. Fehlt eine solche Knospe, weil in Rückschnitthöhe am Stamm nur vorzeitige Triebe vorhanden sind, so schneiden wir den Mitteltrieb bis auf einen vorzeitigen Trieb zurück und kürzen diesen bis auf die unterste Knospe ein. Nach diesem Pflanzschnitt treibt der Baum gewöhnlich stark durch. Im nächsten Frühjahr wählen wir aus den zahlreichen Trieben 3–4 günstig gestellte, möglichst gleichmäßig um den Stamm verteilte Triebe aus und schneiden sie scharf, bis auf etwa ein Drittel ihrer Länge zurück. Die übrigen kräftigen Triebe entfernen wir an der Ansatzstelle, wenn sie sehr steil stehen bzw. binden sie waagrecht. Dadurch können sie sich nicht als Konkurrenz zu den Leittrieben entwickeln. Der Mitteltrieb sollte eine Handspanne länger bleiben. Haben wir den Buschbaum in der Baumschule als zweijährige Veredlung, also bereits mit zahlreichen kräftigen Trieben bezogen, so wird beim Pflanzschnitt ebenso verfahren. Da sich die Leitäste einschließlich der Seitenäste bei der Sauerkirsche nicht so kräftig entwickeln wie bei Apfel- und Birnen-Hochstamm oder Halbstamm, können durchaus vier

Sauerkirschen-Buschbaum, 1jährige Veredlung, vor und nach sehr scharfem Pflanzschnitt mit nur 3 kurzen Triebstummeln.

'Schattenmorelle' mit lichter Krone, Solch ein niedriger Buschbaum läßt sich mit einem Netz gegen Vogelfraß schützen. Damit der Baum niedrig und auch im unteren Bereich lebendig bleibt, Stammverlängerung und Äste immer einmal wieder auf tiefer angesetzte Triebe ableiten.

am Stamm gut verteilte Triebe als künftige Leitäste verbleiben. Der weitere Kronenaufbau, einschließlich Sommerschnitt, vollzieht sich wie beim Halb- und Hochstamm (S. 19) anderer Obstarten.

Im Gegensatz zur Süßkirsche sollte die Sauerkirsche jedes Jahr geschnitten werden. Ähnlich wie bei Apfel, Birne oder Zwetsche empfiehlt sich ein regelmäßiger Instandhaltungsschnitt, der allerdings anders als bei diesen Obstarten vorzunehmen ist.

Bei Sauerkirschen hat es sich bewährt, sowohl die Stammverlängerung als auch die Leit- und Seitenäste immer einmal wieder auf tiefer angesetzte Triebe oder Äste abzusetzen. Dieses regelmäßige Ableiten hat zur Folge, daß die Krone niedrig und der Baum in seinem unteren Bereich lebendig bleibt. Wird dies nicht beachtet, kahlt die Sauerkirschenkrone von unten her auf, während in den oberen Teilen starkes Triebwachstum stattfindet. Selbstverständlich werden bei diesem jährlichen Schnitt auch alle Konkurrenztriebe und auf den Astoberseiten befindliche Triebe, die in das Kroneninnere hineinwachsen, entfernt. Durch diesen jährlichen Überwachungsschnitt wird außerdem die Krankheitsanfälligkeit verringert und wir ernten größere Früchte.

Besonders wichtig ist ein regelmäßiger Schnitt bei der in den Gärten bevorzugt gepflanzten Sorte 'Schattenmorelle'. Wird er versäumt, entwickelt sich aus dem Buschbaum bald eine »Trauerweide«. Einzelheiten hierzu auf den folgenden Seiten.

Die ebenfalls häufig anzutreffende Sorte 'Morellenfeuer' neigt dagegen weniger zum Verkahlen, so daß bei solchen Bäumen das oben empfohlene Ableiten auf tieferstehende Astteile genügt. Dadurch wird gleichzeitig die Krone mit von Natur aus steilwachsenden Ästen dem Licht geöffnet. Und schließlich gibt es Sauerkirschen-Sorten, die nach erfolgtem Kronenaufbau ähnlich wie Süßkirschen weiter behandelt werden sollen: Gelegentlich auslichten und Stamm und Äste ableiten. Ebenso wie bei Süßkirschen sollte der Schnitt aller Sauerkirschen-Sorten im Sommer nach der Ernte erfolgen.

Spalier

Vor allem die Sorte 'Schattenmorelle', die wegen ihres regelmäßigen Ertrages besonders beliebt ist, eignet sich vorzüglich als Spalier an einer Haus- oder Garagenwand. Ein idealer Platz ist die Südseite, doch sie kann auch an eine West- oder Ostwand gepflanzt werden.
Wir können das Spalier mit Mittelstamm und waagrechten bzw. leicht schräg ansteigenden Ästen ziehen oder aber als Fächerspalier, das sich für die 'Schattenmorelle' besonders empfiehlt. Dabei wird der Mitteltrieb von der Pflanzung ab umgebogen. Die kräftigen, auf der Biegungsstelle entstehenden Holztriebe dürfen nicht eingekürzt werden, sie werden vielmehr nach links und rechts leicht schräg oder bogenförmig am Spaliergerüst oder an waagrecht gespannten Drähten angebunden. Sollten zu viele starkwachsende Triebe entstanden sein, so schneiden wir die zu eng stehenden weg. Das gleiche gilt für Triebe, die zu sehr nach vorne gerichtet sind. Weitere Einzelheiten siehe S. 51.

Bereits beim Aufbau des Spaliers beginnt die besondere Art der Fruchtholzbehandlung, die auch nach Beendigung dieser Arbeit Jahr für Jahr fortgeführt wird. Die 'Schattenmorelle' trägt nämlich fast nur an einjährigen Trieben, also an Trieben, die sich im Vorjahr entwickelt haben. Das heißt, es ist durch entsprechenden Schnitt dafür zu sorgen, daß alljährlich viele kräftige Jungtriebe entstehen. Unterlassen wir die Fruchtholzbehandlung, so verlängern sich die Triebe jährlich nur wenig. An diesem kurzen Neutrieb sitzen dann im nächsten Jahr Blüten und Früchte, während der dahinterliegende Triebteil (zwei- bzw. mehrjähriger Trieb) verkahlt. Unbehandelte ältere Schattenmorellen gleichen deshalb Trauerweiden. Die Früchte, die sich an den kurzen, schwachen Neutrieben bilden, werden merklich kleiner.
Um dies zu verhindern, schneiden wir jeweils nach der Ernte die abgetragenen Triebe bis auf Jungtriebe zurück, die sich in der Nähe der Äste oder des Stammes entwickelt haben. Diese Jungtriebe kürzen wir nicht ein, weil sie besonders im oberen Drittel die meisten Blü-

Eine Sauerkirsche – hier: Die 'Schattenmorelle' – eignet sich vorzüglich als Spalier für eine Süd-, aber auch West-, oder Ostwand. Hier vor (links) ...

... und nach dem Schnitt (rechts), der möglichst gleich nach der Ernte erfolgen soll.

ten und Früchte ansetzen. Durch diese ständige Fruchtholzerneuerung nach der Ernte bleibt der Schattenmorellenbaum lebendig. Jährlich entstehen zahlreiche kräftige Neutriebe, an denen im nächsten Sommer Früchte hängen, die wesentlich größer werden als an unbehandelten Bäumen. Diese jährliche Verjüngung des Fruchtholzes sollte nicht nur am Spalier sondern ebenso am freistehenden Buschbaum erfolgen, sofern es sich um die Sorte 'Schattenmorelle' handelt. Bei anderen Sauerkirschsorten

Schnitt der 'Schattenmorelle' nach der Ernte.

Schnittstelle nach der Ernte

genügt dagegen ein Ableiten auf tieferstehende Astteile oder ein Auslichten, um den Baum licht und lebendig zu erhalten. Alte Schattenmorellenbüsche oder -spaliere, die bereits ein trauerweidenähnliches Aussehen angenommen haben, weil der spezielle Fruchtholzschnitt versäumt wurde, werden am besten gleich nach der Ernte kräftig verjüngt. Auch im Winter ist dies möglich, doch verheilen die Wunden besser, wenn dies bereits in den Sommermonaten geschieht. Erst werden alle zu dicht stehenden Äste aus dem Spalier oder der Krone herausgeschnitten, dann das verbleibende Astgerüst um etwa ein Drittel zurückgeschnit-

'Schattenmorelle' (links), nach der Ernte vorbildlich geschnitten (August). Hier kurz vor dem Austrieb im Frühjahr danach.

ten. Anschließend entfernen wir den größten Teil der langen, peitschenartigen Triebe. Soweit sich das anbietet, werden diese kahlen Triebe bis auf Jungtriebe eingekürzt, die sich an ihrem unteren Drittel entwickelt haben.
Ein Schattenmorellenbaum sieht nach einer solchen rigorosen Behandlung sehr licht aus. Bereits ab nächstem Frühjahr erfolgt aber ein kräftiger Austrieb an Stamm und Ästen und schon im Jahr darauf können wir mit einer reichen Ernte großfrüchtiger Schattenmorellen rechnen. Von den zahlreichen Trieben, die nach einer Verjüngung an den Enden der Äste und oben am Stamm entstehen, entfernen wir bereits im Sommer nach dem Austrieb alle kräftigen bis auf jeweils einen, der als Ast- beziehungsweise Stammfortsetzung dienen soll. Alle übrigen – soweit sie nicht zu dicht stehen – verbleiben ohne irgendeinen Rückschnitt. Diese Jungtriebe sind das Fruchtholz für das nächste Jahr.

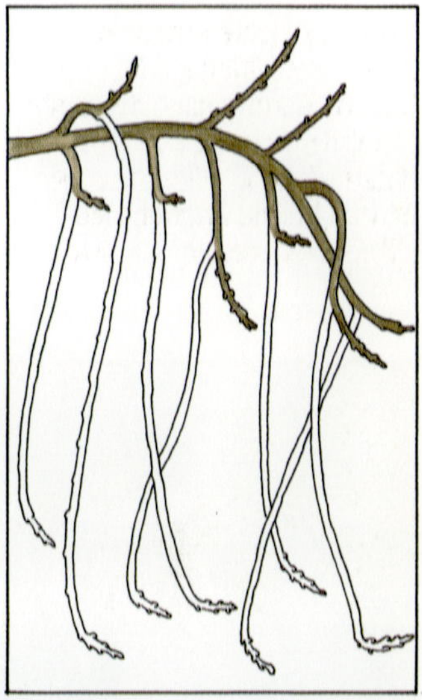

Verjüngen einer 'Schattenmorelle' (rechts), die nach Jahren ohne Schnitt mehr einer Trauerweide (unten) als einem Obstbaum ähnelt.

Jährlich schneiden

Der Pfirsich wird wie die Sauerkirsche meist als einjährige Veredlung gepflanzt. Der Pflanzschnitt erfolgt wie bei der Sauerkirsche (S. 68), also scharfer Rückschnitt der am Stamm befindlichen vorzeitigen Triebe auf nur wenige Augen. Anstelle einer üblichen pyramidalen Krone mit Stamm- und Stammverlängerung, Leit- und Seitenästen, hat sich beim Pfirsich die Hohlkrone, also eine Krone ohne Mitteltrieb bewährt. Diese Kronenform bietet den wärmeliebenden Früchten in unserem meist nicht idealen Klima zusätzlich Licht und Sonne. Außerdem wächst ein Mitteltrieb beim Pfirsich meist nicht annähernd gerade nach oben, sondern nimmt ohnehin bald die Funktion eines Leitastes ein. Beim Erziehungsschnitt, beginnend im Jahr nach der Pflanzung, bleiben deshalb nur 3–4 möglichst gleichmäßig im Luftraum verteilte kräftige Triebe – die künftigen Leitäste – stehen, während die Stammverlängerung herausgeschnitten wird. Der weitere Aufbau der Leitäste erfolgt dann wie bereits mehrmals beschrieben.
Nachdem der Pfirsich von Natur aus besonders stark zur Spitzenförderung neigt, sollte der Baum ständig in scharfem Schnitt gehalten werden. Andernfalls verkahlen die unteren Teile der Baumkrone sehr rasch. Um dies zu verhindern, empfiehlt es sich, die Leitäste jedes Jahr nach der Ernte auf etwas tiefer angesetzte nach außen wachsende Triebe oder Astteile abzusetzen. Wie bei der 'Schattenmorelle' bewirkt dieses regelmäßige Ableiten, daß der untere Kronenbereich lebendig

Bereits die Blüte ist ein »Gedicht«; hinzu kommen die vollreifen Pfirsiche vom eigenen Baum.

bleibt. Jährlicher Neutrieb ist wichtig, denn ebenso wie die 'Schattenmorelle' trägt auch der Pfirsich nur an dem im Vorjahr gebildeten Trieben.
Die schönsten Früchte entwikkeln sich beim Pfirsich an den sogenannten »wahren Fruchttrieben«. Diese Triebe sind etwa bleistiftstark und haben meist eine Länge von 50 cm und mehr. Meist stehen an ihnen 3 Knospen zusammen: Zwischen 2 rundlichen Blütenknospen ist 1 spitze Holzknospe eingebettet. Wenn wir diese wahren Fruchttriebe um etwa die Hälfte einkürzen, bilden sich besonders schöne, große Früchte. Außerdem entsteht dadurch ein kräftiger Neutrieb für das kommende Jahr. Dieses Einkürzen muß aber nicht sein, denn reichlich Neutrieb gibt es bereits durch das jährliche Ableiten der Leitäste.
»Falsche Fruchttriebe« sind erheblich schwächer und kürzer: sie sind beinahe ausschließlich mit Blütenknospen besetzt. Nachdem sich mangels Blättern an solchen Trieben kaum Früchte ausbilden, können wir sie auf kurze Stummel von 1–2 Knospen zurückschneiden. Dadurch gibt es zusätzlichen Neutrieb, also wahre Fruchttriebe für das kommende Jahr. Holztriebe, die auf ihrer ganzen Länge mit länglich-spitzen Holzknospen besetzt sind, werden nur eingekürzt, wenn wir sie als Verlängerungen von Leit- und Seitenästen benötigen. Andernfalls beseitigen wir diese kräftigen, meist steil auf den Astoberseiten entstandenen Triebe an der Ansatzstelle. Darüber hinaus befinden sich im Pfirsichbaum sehr kurze, mit vielen Blüten besetzten Triebe, die nicht geschnitten werden; wir bezeichnen sie wegen ihres Aussehens als Bukettriebe.
Während das Ableiten der stärkeren Äste in der fertig aufgebauten Krone am besten gleich nach der Ernte erfolgen soll, werden die Leit- und Seitenäste bei dem in den ersten Jahren vorgenommenen Erziehungsschnitt im zeitigen Frühjahr auf Knospen eingekürzt.
Der Schnitt der wahren und falschen Fruchttriebe – empfehlenswert, wenn große Früchte und zusätzlicher Neutrieb im Kroneninneren erwünscht sind – kann vor, während oder bald nach der Blüte erfolgen. Ich ziehe letzteren Zeitpunkt in klimatisch ungünstigen Lagen vor, in denen die Pfirsichblüte des öfteren erfriert. Sind nämlich die Blüten oder die jungen Früchte erfroren, so können wir nicht nur die falschen, sondern auch die wahren Fruchttriebe bis auf kurze Stummel zurückschneiden. Da es in einem solchen Jahr ohnehin keine Früchte gibt, erzielen wir durch scharfen Rückschnitt einen kräftigen Neutrieb und damit zahlreiche wahre Fruchttriebe für das kommende Jahr.
In kalten Wintern kommt es beim Pfirsich häufig zu Frostschäden. Ist die Krone nur teil-

»Falsche« (links) und »wahre Fruchttriebe« beim Pfirsich. Bei ihnen befindet sich zwischen zwei rundlichen Blütenknospen eine spitze Blattknospe.

weise zurückgefroren, so ist der Baum durchaus zu retten. In diesem Fall schneiden wir die abgestorbenen Äste bis auf Jungtriebe zurück, die sich nach dem Austrieb in deren unteren Bereich entwickeln. Mit diesen kräftigen Trieben läßt sich rasch wieder eine neue Krone aufbauen.

Bleibt ein Pfirsichbusch über Jahre hinweg ohne Schnitt, so verkahlt er meist in seinen unteren Teilen. In diesem Fall nehmen wir einen Verjüngungsschnitt vor, am besten im Sommer, gleich nach der Ernte. Die Leitäste und die an diesen lokker verteilten Seitenästen werden dabei tief ins alte Holz hinein zurückgenommen. Dabei achten wir darauf, daß sich an den größeren Schnittstellen möglichst jüngere Triebe befinden, die als Verlängerung der betreffenden Äste geeignet sind. Anschließend werden alle größeren Wunden mit einem Wundverschlußmittel verstrichen, eine besonders beim Pfirsich wichtige Arbeit.

Im Hausgarten wird der Pfirsich gerne als Spalier an einer Südwand gezogen. Wir wählen dazu ein locker aufgebautes Fächerspalier, wie es bereits bei der 'Schattenmorelle' (S. 70) bzw. bei Apfel/Birne (S. 51) beschrieben wurde. Nachdem der Pfirsich jedoch empfindlich gegen Frost und Gummifluß ist, sterben immer einmal wieder einzelne Äste ab, die aber zumeist mit Jungtrieben neu aufgebaut werden können. Die Fruchtholzbehandlung ist wie beim Buschbaum.

Durch jährliches Zurücknehmen der weiter oben am Spalier befindlichen Äste sorgen wir dafür, daß im unteren Bereich des Spaliers genügend Neutrieb entsteht. Dadurch wird einem Verkahlen vorgebeugt.

In weniger begünstigten Gegenden eignet sich der Pfirsich als dekoratives Wandspalier. Die Hohlkrone mit wenigen sich gabelnden Leitästen gilt als ideale Baumform, wenn der Pfirsich als Buschbaum gepflanzt wird (rechts). Deutlich sind die eingekürzten »wahren Fruchttriebe« zu erkennen.

Dem Pfirsich tut zeitlebens ein scharfer Schnitt gut, denn Blüten und Früchte entstehen – ähnlich wie bei der 'Schattenmorelle' – nur an kräftigen, einjährigen Trieben.

Spalier, Buschbaum

In klimatisch ungünstigen Gegenden ziehen wir die Obstart vorwiegend als Fächerspalier an einer warmen geschützten Hauswand. Diese freie Spalierform, bei der die einzelnen Triebe bogenförmig an Latten oder Drähte gebunden werden, ist für die Aprikose wie geschaffen, lassen sich doch die recht eigenwillig wachsenden Triebe nicht in eine strenge Form zwängen. Wie ein solches Fächerspalier gezogen und im Schnitt gehalten wird siehe S. 51 und S. 71.
Wo dagegen das Klima zusagt, kann die Aprikose als locker und etwas unregelmäßig aufgebauter Buschbaum mit 3–4 Leitästen und Seitenästen gezogen werden. Der Pflanz- und Erziehungsschnitt wird wie bereits mehrfach beschrieben vorgenommen. Der Kronenaufbau dauert bei der Aprikose allerdings nur etwa 3–5 Jahre. Später braucht nur noch wenig geschnitten zu werden.
Sobald die etwas sparrig aussehende Aprikosenkrone nach 3–5 Jahren mit wenigen unregelmäßig erzogenen Leitästen, einigen locker gestreuten Seitenästen und viel Fruchtholz aufgebaut ist, braucht nur noch ein gelegentlicher Instandhaltungsschnitt vorgenommen zu werden. Dabei entfernen wir bereits im Sommer alle Konkurrenztriebe und die nach innen wachsende Triebe. Die Stammverlängerung wird auf einen seitlichen Ast abgesetzt, so daß im oberen Bereich eine Hohlkrone vorhanden ist.

Die etwas eigenwillig wachsende Aprikose eignet sich vorzüglich als Fächerspalier.

Eine im Laufe der Jahre zu dicht gewordene Krone wird nach der Ernte (Mitte August bis Mitte September) ausgelichtet. Vorrangig werden dabei dürre, zu dicht stehende, sich kreuzende oder beschädigte Äste entfernt. Keine »Kleiderhaken« (Aststumpen) stehenlassen, Wunden sofort mit Wundverschlußmittel verstreichen!
Sobald bei einem älteren Aprikosenbaum die Triebkraft nachläßt, können wir ihn verjüngen wie auf S. 36 beschrieben. Auch dieser Eingriff, bei dem die Krone um ein Viertel oder gar um die Hälfte zurückgesägt wird, sollte im August oder September erfolgen. Wir schneiden auf Stellen zurück, an denen sich Jungtriebe befinden und entfernen diese bis auf Astring (schlafende Augen!).
Dadurch entstehen im kommenden Frühjahr mehrere kräftige Triebe, von denen wir nun jeweils einen als Astverlängerung belassen.

Vor einer warmen und schützenden Hauswand gedeihen Aprikosen am besten

Nur selten schneiden

Diese drei in bezug auf Kronenausdehnung, Aussehen, Blüten- und Fruchtansatz recht unterschiedlichen Obstarten werden hier zusammengefaßt, weil sie im Gegensatz zu allen bisher genannten keinen regelmäßigen Schnitt benötigen. Nur gelegentlich sollte bei ihnen mit der Säge oder Schere eingegriffen werden.

Quitte

Sie wird im Garten meist als Busch gepflanzt, gelegentlich aber auch mit Stamm. In diesem Fall ist die Quitte auf Rotdornunterlage veredelt. Ein Aufbau mit Leit- und Seitenästen erübrigt sich. Der Strauch oder Baum entwickelt ohne unser Zutun eine lockere Krone, die nur gelegentlich etwas gelichtet zu werden braucht. Vor allem schneiden wir auf den Astoberseiten entstandene, steil ins Kroneninnere wachsende Jungtriebe an der Ansatzstelle weg. Läßt der Trieb einmal gänzlich nach, so können wir ihn durch leichten Rückschnitt anregen. Auch ein Verjüngen älterer Quittenbüsche beziehungsweise -bäumchen ist möglich.

Walnuß

Grundsätzlich sollte ein Walnußbaum nur als Hausbaum an einem bäuerlichen Anwesen, in einem größeren Hausgarten von etwa 1500 m^2 aufwärts oder auf freier Flur gepflanzt werden. Die umfangreiche Krone bekommt nämlich im ausgewachsenen Zustand einen Durchmesser von 10–15 m.
Meist wird heute der veredelte Walnußbaum mit besserer Nußqualität und etwas kleinerer Krone dem aus einem Kern entstandenen Sämlingsbaum vorgezogen.
Nach dem Pflanzen entfernen wir lediglich Stammaustriebe die unterhalb der gewünschten Äste entstanden sind. Nachdem die Nüsse ohne unser Zutun vom Baum fallen, kann durchaus eine Stammhöhe von etwa 1,80 m (Hochstamm) gewählt werden, vor allem, wenn der Walnußbaum in einem größeren Garten in Nähe der Terrasse steht oder ein ungehindertes Durchgehen unter den unteren Ästen wünscht.
Ein Schnitt ist in den ersten Jahren kaum nötig, die Krone soll sich frei entwickeln. Erst wenn sie weitgehend fertig ist, also nach 10 Jahren und mehr, sägt man zu dicht stehende Äste heraus, damit mehr Licht in das Kroneninnere eindringen kann. Bevorzugt entfernen wir dabei dürre Äste, wie sie in älteren Walnußkronen immer einmal anzutreffen sind. Zeigt sich später, daß der Kronenumfang bei der Pflanzung unterschätzt und die Äste an die Hauswand anstoßen bzw. andere Bäume bedrängen, so können die zu langen Äste

Die Quitte kommt fast ohne Schnitt aus. Nur gelegentlich muß ein störender, ins Kroneninnere wachsender Trieb entfernt werden.

Männliche Walnußblüten in Form von Kätzchen (links). Weibliche Blüten mit Fruchtknoten, und Narben (rechts). Windbestäubung!

Triebe bei der Pflanzung kräftig ein, kaufen wir dagegen größere Sträucher mit Wurzelballen, so erübrigt sich ein Pflanzschnitt. Die nächsten Jahre können wir dann die Pflanzen sich selbst überlassen.
Erst wenn der Strauch nach vielen Jahren zu dicht oder zu hoch wird – 5–7 m Höhe! – greifen wir ein.

zurückgesetzt werden. Dies sollte aber immer so geschehen, daß die malerische Kronenform erhalten bleibt.
Wichtig ist, daß derartige Korrekturen nur während des Sommers vorgenommen werden. Zu diesem Zeitpunkt verheilen die Wunden am besten, vor allem aber wird das »Bluten«, also starker Saftaustritt, verhindert, was unvermeidlich ist, wenn derartig grobe Schnittarbeiten im Frühjahr erfolgen.

Haselnuß

Eine Obstart, die im Garten vorwiegend Zierwert hat, während der Nußertrag in den meisten Fällen eine nette Nebensache ist. Manchmal kommen uns Eichkätzchen bei der Ernte zuvor.
An kleinen Haselnußsträuchern ohne Ballen kürzen wir die

Die Walnuß wächst fast ganz ohne unser Zutun zu einem mächtigen, malerischen Baum heran.

Umveredeln von Obstbäumen

Das Veredeln ist ähnlich wie der Obstbaumschnitt eine Handfertigkeit, die man nicht allein aus Büchern lernen kann. Nachdem wir uns mit den verschiedenen Veredlungsarten auf den folgenden Seiten vertraut gemacht haben, empfiehlt sich der Besuch eines praktischen Kurses, wie er von Volkshochschulen, Obst- und Gartenbauvereinen und ähnlichen Organisationen angeboten wird.

Groß ist die Freude, wenn die Veredlung gelungen ist und das Reis auszutreiben beginnt. Das rechte Reis ist vertrocknet.

Veredeln ist aber auch eine »gefährliche« Arbeit. Nicht so sehr, weil wir uns bei den ersten Übungen mit dem scharfen Veredlungsmesser in die Finger schneiden könnten, sondern aus einem anderen Grund: Nach den ersten Erfolgen, bekommt so mancher Gartenfreund Spaß an dieser Arbeit, pfropft auf jeden irgendwo auffindbaren Apfel-, Birn- oder Zwetschenwildling eine Edelsorte und pflanzt die gelungenen Veredlungen im Garten auf. So entsteht bald ein Obst-»Urwald« mit all den bekannten Nachteilen; die Bäume stehen viel zu eng.

Warum Obstbäume veredeln?

Wir wollen uns deshalb darauf beschränken, nur bereits vorhandene Bäume umzuveredeln, vor allem wenn deren Ertrag oder die Qualität nicht befriedigt. Auch Sorten, die anfällig gegen Schorf oder andere Pilzkrankheiten sind, können auf diese Weise durch geeignetere ersetzt werden. Außerdem können wir dadurch wertvolle alte Obstsorten erhalten, die nur lokale Bedeutung haben und die deshalb in Baumschulen nicht angeboten werden. Durch Veredeln auf jüngere Bäume bewahren wir sie vor dem Aussterben.

Wenn zur Wahl steht, einen vorhandenen Baum durch einen neuen zu ersetzen oder den bereits im Garten befindlichen umzuveredeln, sollten wir letztere Möglichkeit bevorzugen, es sei denn, der vorhandene Baum weist größere Stammschäden auf oder ist bereits überaltert. Ein umveredelter Baum bringt rascher Erträge als ein neugepflanzter, bleibt doch das umfangreiche Wurzelwerk des vorhandenen Baumes beim Veredeln voll erhalten.

Durch Veredeln mehrere Sorten auf einem Baum

Normalerweise wird jeder Baum nur mit einer Sorte umveredelt, doch ist es durchaus möglich, auf ein und denselben Baum mehrere Sorten aufzupfropfen. Auf diese Weise läßt sich im Garten ein größeres Sortiment unterbringen, ohne daß wir zusätzliche Bäume pflanzen müßten.
Da es vielfach nicht möglich ist, die von einem Halb- oder Hochstamm anfallende Ernte sinnvoll zu verwerten – vor allem im kleinen Haushalt – kann man auch Bäume wertvoller Sorten umveredeln. So könnte man zum Beispiel auf die 3 Leitäste und die Stammverlängerung eines noch verhältnismäßig jungen, wüchsigen Baumes jeweils eine andere Sorte pfropfen. Jeder Leitast mit Seitenästen sowie die Stammverlängerung

Später Austrieb (Juli) eines Edelreises. Die Früchte der Unterlage waren zu diesem Zeitpunkt bereits mehr als walnußgroß. Das austreibende Edelreis blüht, zum Fruchtertrag kommt es aber meist erst 2 Jahre danach.

bringen dann andere Äpfel oder Birnen, während an den beim Veredeln verbleibenden Zugästen und am unteren Teil der Krone die Früchte der bisherigen Sorte hängen.
Meist werden es Halb- oder Hochstämme sein, die auf diese Weise umveredelt werden, doch ist dies ebenso auch beim Spindelbusch möglich. Selbst wenn in einem sehr kleinen Garten nur wenige Spindelbüsche Platz haben, können wir auf diese Weise mehrere Sorten unterbringen. In den meisten Fällen tragen die aus den Edelreisern entstandenen Triebe bereits im 2. Jahr nach dem Veredeln die ersten Früchte. Vor allem auch, wenn wir neue oder uns unbekannte Sorten ausprobieren wollen, können wir diese auf stark eingekürzte Fruchtäste eines Spindelbusches aufveredeln.
Immer aber, wenn mehrere Sorten auf einen Baum veredelt werden, sollte darauf geachtet werden, daß diese in etwa die gleiche Wuchsstärke haben. Dies gilt für den Halb- und Hochstamm ebenso wie für den Spindelbusch. Deshalb sollte man je Baum immer nur starkwüchsige oder schwachwüchsige Sorten zusammenbringen. Andernfalls würde sich ein Ast, der mit einer besonders starkwüchsigen Sorte veredelt wurde, wesentlich stärker entwickeln als die Stammverlängerung und die übrigen Äste. In einem solchen Fall wäre das Gleichgewicht und das harmonische Aussehen der Krone gestört, die sich zu kräftig entwickelnden Äste müßten laufend zugunsten der schwächer wachsenden zurückgeschnitten bzw. abgeleitet werden.

Je jünger und wüchsiger ein Baum ist, desto mehr lohnt es sich, ihn umzuveredeln. Anschließend dauert es meist nur 2 Jahre bis die neue Sorte zu tragen beginnt.

Vorbereitungen zum Umveredeln

Zum Umveredeln im Spätwinter oder zeitigen Frühjahr eignen sich vor allem Äpfel, Birnen und Zwetschen. (Andere Obstarten siehe S. 97). Bevor wir an die Vorbereitungen gehen, sollten wir uns darüber im klaren sein, daß ein Umpfropfen nur bei frohwüchsigen, gesunden Bäumen sinnvoll ist. Wer glaubt, altersschwache, kranke Obstbäume durch Umveredeln erhalten zu können, wird wenig Erfolg haben. Auch bei Bäumen mit größeren Stammwunden lohnt die Arbeit meist nicht.

Abwerfen der Krone

Bereits im Winter vor dem Umveredeln wird die gesamte Baumkrone bis weit ins alte Holz hinein zurückgeschnitten – »abgeworfen«, wie der Fachausdruck lautet. Je nach Obstart sollte der Abwurfwinkel verschieden gewählt werden. Die Krone des Apfel-, Zwetschen- und Pflaumenbaumes wirft man im Winkel von 100–120° ab, die des Birnbaumes im Winkel von 90–110°. Im ersteren Fall soll die abgeworfene Krone also einem flachen, bei der Birne dagegen einem etwas steileren Hausdach ähneln.
Die Arbeit läßt sich erleichtern, wenn wir weit genug vom Baum entfernt mit den beiden Handflächen den vorgesehenen Winkel bilden. Durch Auf- und Niedergleiten an der Stammverlängerung können wir uns die Stellen einprägen, an denen die Hauptäste abgesägt werden sollen. Die Spitze des mit den Handflächen gebildeten Winkels

Ein 6–7 Jahre alter Birnwildling – hier ganz zufällig neben der Aschentonne gewachsen – soll veredelt werden.

Erst werden alle zu dicht stehenden Äste entfernt, dann die übrigen entsprechend eingekürzt.

muß sich dabei senkrecht über der Stamm-Mitte befinden. Es empfiehlt sich, während des eigentlichen Abwerfens die Krone nicht nur von einer Seite her anzuschauen, damit nach getaner Arbeit ein möglichst gleichmäßiges dachförmiges Kronengerüst verbleibt.
Es ist nicht schwer, eine gleichmäßig gewachsene Krone abzuwerfen, vor allem, wenn sie vom Pflanzschnitt an zweckmäßig aufgebaut wurde. Dagegen erfordert eine einseitig gewachsene Krone einige Überlegung, damit nach dem Abwerfen die Schnittflächen der Hauptäste von der Mitte aus nach allen Seiten gleichmäßig dachförmig abfallen. Kronen, die keinen zweckmäßigen Aufbau mit Leit- und Seitenästen haben, oder zu dicht sind, werden vor dem Abwerfen ausgelichtet, wie auf S. 34 beschrieben.
Im allgemeinen sägen wir die Leitäste beim Abwerfen um etwa zwei Drittel ihrer Länge zurück und kürzen anschließend die Stammverlängerung soweit ein, daß der beschriebene dachförmige Winkel entsteht. Die stärkeren Äste sollen nach dem Abwerfen also noch 1–1,50 m lang sein, bei sehr jungen Bäumen und Spindelbüschen jedoch wesentlich kürzer.
Wird zu kurz abgeworfen, so können ältere Bäume im Saft »ersticken«. Aus diesem Grunde bleiben auch einige schwächere und tiefhängende Äste unbehandelt; wir belassen sie als »Zug-Äste«, in die ein Teil des von den Wurzeln aufgenommenen Nährstoffstromes fließt, so daß es nicht zu einem übermäßigen Anstau in den Pfropfköpfen kommt. Das Laub der Zugäste trägt außerdem dazu bei, daß die austreibenden Edelreiser zusätzlich mit Baustoffen (Assimilaten) versorgt werden.
Sollen sich an den nach dem Abwerfen stark eingekürzten Leitästen auch Seitenäste befinden, die nicht als Zugäste benötigt werden, so kürzen wir auch diese entsprechend ein; sie werden ebenfalls umveredelt.

Derselbe Baum nach dem Abwerfen der Krone. Die daneben stehende Fichte blieb noch bis zum Winter als Weihnachtsbaum stehen.

Nachdem die Umveredlung meist erst im Frühjahr erfolgt – Pfropfen hinter die Rinde – lassen wir beim Abwerfen der Krone die zu veredelnden Äste etwa 20 cm länger als nötig; sie werden erst unmittelbar vor dem Veredeln bis ins frische Holz nachgeschnitten. Wichtig ist auch, daß die Pfropfköpfe möglichst nicht mehr als etwa 10 cm Durchmesser haben; andernfalls würde deren Verheilung zu lange dauern oder eine offene Wunde verbleiben.

Schneiden der Edelreiser

Die Edelreiser sollten bereits im Januar, also während der Winterruhe geschnitten werden. Edelreiser von Apfel und Birne können auch noch später, jedoch noch vor dem Austrieb gewonnen werden. Sie müssen dann aber sofort auf die Pfropfköpfe aufgesetzt werden; ein längeres Aufbewahren vertragen sie nicht. Reiser, die erst im März – also nach dem Saftanstieg in den Bäumen – geschnitten wurden und zwar sorgfältig gelagert, aber erst mehrere Wochen später zum Veredeln verwendet werden, treiben in den meisten Fällen nicht aus; sie vertrocknen an den Pfropfköpfen.
Wichtig ist, daß die Edelreiser von einem reichtragenden Baum der gewünschten Sorte geschnitten werden, eventuell von mehreren Bäumen, wenn wir vorhaben, die Leitäste und den Stamm mit verschiedenen Sorten (S. 80) zu veredeln. Als Edelreiser verwenden wir außerdem nur bleistiftstarke, einjährige Triebe, die an der Sonnenseite des Mutterbaumes, beziehungsweise an gut belichteten Stellen gewachsen sind; nur solche Jungtriebe sind gut ausgereift und haben kräftige Knospen ausgebildet. Unausgereifte Triebspitzen, Wasserschosse aus dem Inneren der Krone und Edelreiser aus sehr dichten Bäumen eignen sich im allgemeinen nicht.
Wer die Edelreiser nicht im Garten eines Bekannten schneiden kann, bezieht sie von einer Baumschule, von einer Obstbaumlehranstalt oder von einem obstbaulichen Institut. Große Schwierigkeiten bereitet in vielen Fällen die Beschaffung

von Edelreisern alter Sorten. Solche Sorten sind neuerdings als Edelreiser bei verschiedenen Obstbauinstituten, Versuchsanstalten und Baumschulen erhältlich. Wer daran interessiert ist sollte allerdings bereits im November bestellen, um die gewünschten Sorten zu bekommen.

Der Veredlungserfolg hängt entscheidend von den Edelreisern ab; sie müssen sorgfältig aufbewahrt werden, damit sie weder einschrumpfen noch vorzeitig austreiben. Am besten ist es, wir schlagen die im Winter geschnittenen und etikettierten Edelreiser im Freien so ein, daß sich die untere Hälfte jedes Reises im Boden befindet, also von Erde umgeben ist, aber möglichst nicht bündelweise, weil dadurch die Haltbarkeit beeinträchtigt werden könnte. Um die Reiser im Trieb zurückzuhalten, wählen wir einen schattigen Platz, zum Beispiel an der Nordseite eines Hauses. Haben wir Fichtenzweige zur Hand, decken wir die Reiser mit ein paar Trieben ab und gießen sie gelegentlich an, wenn der Boden, etwa unter einem Vordach, zu trocken werden sollte.

Ein Keller eignet sich zum Aufbewahren der Edelreiser nur dann, wenn er feucht und kühl ist. In diesem Fall schlagen wir die Reiser in einer Kiste oder einem Eimer in leicht feuchtem Sand ein.

Neben einem langen glatten Schnitt sind vor allem einwandfreie Reiser für das Gelingen der Veredlung wichtig. Sie dürfen weder eingetrocknet sein, noch zu treiben beginnen. Deshalb Edelreiser auf keinen Fall zu spät schneiden, sondern möglichst im Januar und kühl lagern!

Die zur Veredlung vorgesehenen Äste werden unmittelbar vor dem Pfropfen um etwa eine Handlänge bis ins frische Holz nachgeschnitten.

Das »Pfropfen hinter die Rinde«

Es gibt verschiedene Veredlungsverfahren, von denen das »Pfropfen hinter die Rinde« auch für den Anfänger im Obstbau verhältnismäßig leicht erlernbar ist und deshalb auch meist gelingt. Übrigens, »pfropfen« ist nur ein anderes Wort für veredeln, es bedeutet das gleiche.
Wir pfropfen, sobald sich die Rinde nach der Winterruhe gut vom Holz löst. Günstig ist vor allem die Zeit von Mitte April bis Ende Mai. Pflaumen und Zwetschen werden bereits ab Anfang April, Kirschen am besten während der Blütezeit umveredelt, soweit wir bei Kirschen nicht die Sommerveredlung vorziehen. Bei Apfel und Birne ist das Pfropfen hinter die Rinde von Anfang April bis Anfang Juni möglich, sofern zu diesem späten Zeitpunkt die Edelreiser noch einwandfrei sind, also weder eingetrocknet sind noch ausgetrieben haben. Wann der günstigere Zeitpunkt ist, hängt immer auch vom Wetter und dem örtlichen Kleinklima ab. Wie gesagt: die Rinde muß sich leicht lösen lassen.

Pfropfköpfe vorbereiten

Bevor wir mit dem eigentlichen Veredeln beginnen, werden die Pfropfköpfe – also die Stellen, auf die wir die Äste beim Abwerfen eingekürzt haben – mit der Säge um weitere 20 cm zurückgenommen und die frischen Wundränder mit der Hippe glattgeschnitten. Dabei achten wir darauf, daß die Rinde auf etwa Handlänge unterhalb der Pfropfköpfe glatt

Wundränder der Pfropfköpfe glattschneiden und jedes Edelreis mit einem langen, ziehenden Kopulationsschnitt versehen.

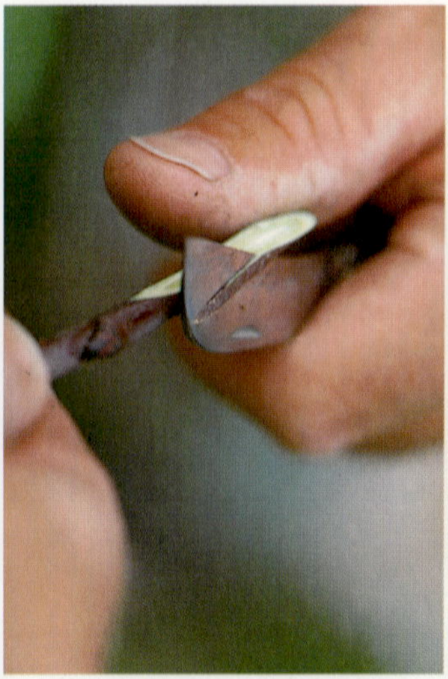

Um noch mehr Kambium freizulegen und dadurch eine innige Verwachsung von Edelreis und Unterlage zu fördern, erfolgen weitere Schnitte, so wie im Text auf dieser Seite beschrieben.

ist, d.h. in diesem Bereich dürfen sich keine Äste oder durch frische oder verheilte Wunden bedingte Ausbuchtungen befinden.

Schneiden der Edelreiser

Unmittelbar vor dem Veredeln wird der mittlere Teil der bereits im Winter beschafften Triebe mit der Baumschere in Stücke mit drei bis vier Augen (Knospen) geschnitten. Die Spitzen und der untere Teil der einjährigen Triebe eignen sich dagegen nicht zum Veredeln: Die Spitzen sind häufig nicht genügend ausgereift, im unteren Bereich der Triebe sind dagegen die Augen nur schwach ausgebildet. Es ist ratsam, die längere Zeit aufbewahrten Reiser vor dem Veredeln einige Stunden in Wasser zu legen. Dadurch erfrischen sie sich und wachsen sicherer an.

Jedes Reis mit 3–4 Augen wird nun gegenüber dem untersten Auge mit einem 4–5 cm langen, glatten Schnitt versehen, der mit einem scharfen Kopuliermesser in einem Zug ausgeführt werden muß. Durch wiederholtes Nachschneiden würde der Schnitt uneben. Die Schnittflächen würden nicht dicht aufeinanderliegen und das Anwachsen wäre in Frage gestellt.

Damit die Veredlung gelingt, also eine innige Verbindung von Edelreis und Unterlage (Pfropfkopf) entsteht, müssen sich die Kambiumschichten von Pfropfreis und Unterlage möglichst innig berühren. Deshalb ist der lange glatte Schnitt beim Edelreis so wichtig. Um noch mehr Kambium freizulegen, schneiden wir an einer Seite des langen Veredlungsschnittes einen millimeterschmalen Rindenstreifen weg und entfernen zusätzlich etwas Rinde an der Spitze des Veredlungsschnittes.

Damit das Messer möglichst scharf ist, wird es vorher mit einem Abziehstein (S. 15) geschärft. Dabei ist darauf zu achten, daß die Unterseite des Messers eben bleibt und nicht etwa gewölbt ist, da sonst die Schnittflächen nicht genügend glatt würden. Die Unterseite darf deshalb nur schwach geschliffen bzw. auf der feinkörnigen Seite des Steines abgezogen werden.

Aufsetzen der Edelreiser

Das Veredeln muß möglichst rasch nach dem Schneiden der Reiser erfolgen, damit die Schnittflächen nicht austrocknen. Dies gilt vor allem bei warmen, trockenem Wetter. Ebenso ist wichtig, daß die Schnittflächen nicht mit den Fingern berührt oder anderweitig verunreinigt werden.
Damit das Reis zwischen Holz und Rinde in den Pfropfkopf eingeschoben werden kann, setzen wir das Veredlungsmesser in einer Länge von etwa 5 cm auf die Rinde auf, drücken es bis auf das Holz durch und lösen einen der beiden Rindenflügel durch leichtes Anheben mit dem Messer.
Beim Schneiden der Edelreiser wurde bereits empfohlen, das Pfropfreis zusätzlich zum langen Kopulationsschnitt an einer Seite mit einem leichten Längsschnitt zu versehen. An dieser Seite des Reises wird der Rindenflügel nicht gelöst. Das Reis wird nun in den angehobenen Rindenflügel geschoben, so daß danach der schmale Längsschnitt dem festliegenden Rindenteil dicht anliegt. Ebenso wurde geraten, unterhalb des am weitesten unten befindlichen Auges – also gegenüber dem Kopulationsschnitt – noch etwas Rinde wegzunehmen. Dadurch liegt nun das Reis nach erfolgter Veredlung an drei Seiten dem Kambium an; es sitzt fest und wächst rasch an. Zu beachten ist, daß von der Schnittfläche des Edelreises am Pfropfkopf noch etwa 3–5 mm sichtbar bleiben, das Reis darf also nicht zu weit eingeschoben werden.
Bereits im Kapitel »Schneiden der Edelreiser« wurde darauf hingewiesen, wie wichtig es ist, daß sich die Kambiumschichten von Pfropfkopf und Edelreis

Messer aufsetzen, eindrücken ... Rindenflügel lösen ... Reis einschieben ... aber nur soweit, wie auf dem Bild rechts unten zu sehen.

innig berühren. Unter Kambium versteht man die wachstumsfähige Zellschicht zwischen Holz und Rinde. Nach dem Veredeln setzt im Kambium des Pfropfreises und der Unterlage (Pfropfkopf) eine rege Zellneubildung ein; Unterlage und Edelreis wachsen aufeinander zu und vereinigen sich. Je wüchsiger der Baum ist, der veredelt wurde, desto größer ist die Fähigkeit zur Zellneubildung, die außerdem durch Wärme und Feuchtigkeit begünstigt wird. Sobald das Verwachsen von Unterlage und Edelreis erfolgt ist, gelangen im Wasser gelöste Nährstoffe von der Unterlage in das Edelreis; es treibt aus. Später verwachsen auch die Schnittflächen von Unterlage und Pfropfreis, so daß dieses festsitzt.

Anzahl der Reiser

Für den Kronenaufbau wird je Pfropfkopf nur 1 Reis benötigt, denn an jedem Leitast, Seitenast und Stamm soll nur ein Trieb die Verlängerung übernehmen. Wenn wir trotzdem auf größere Pfropfköpfe mehrere Reiser aufsetzen, so kommt dies einer raschen Wundverheilung zugute.
Bei Ästen bis zu 2 cm Durchmesser genügt 1 Pfropfreis auf der Oberseite, weil der daraus entstehende Trieb bzw. Ast dann nicht so leicht abschlitzt als wenn das Reis auf der Unterseite angebracht würde. Auf Pfropfköpfen mit 2–5 cm Durchmesser veredeln wir 2 Reiser, je eines links und eines rechts. Bei einem Durchmesser bis zu 10 cm ist zu 3–4 Reisern zu raten, oben und seitlich, wobei der Verlängerungstrieb möglichst aus dem oberen, zumindest aber aus einem der seitlich angebrachten Reiser gezogen wird. Noch stärkere Äste sollten möglichst nicht umveredelt werden. Wenn dies aber ausnahmsweise gewünscht wird, dann bringen wir so viele Reiser an, daß sie untereinander einen Abstand von etwa 7 cm haben.

Mit Bast fest verbinden und mit Baumwachs verstreichen. Dabei Schnittfläche am Kopf des Reises nicht vergessen.

Verbinden und Verstreichen

Unmittelbar nach dem Aufsetzen der Reiser wird jeder veredelte Ast fest mit Bast oder Kunststoffband verbunden. Dabei wickeln wir den Bast zuerst am Kopfende mehrmals um den Ast, dann einigemale nach unten und ziehen ihn abschließend mit einer Schlaufe zu. Auf diese Weise werden die Schnittflächen fest aufeinandergepreßt und die Reiser können nicht mehr aus dem Pfropfkopf herausfallen. Bei dicker Rinde muß besonders fest verbunden werden, damit das Edelreis auf die Unterlage gepreßt wird. Je dichter die Berührungsflächen von Reis und Unterlage aufeinanderliegen, desto rascher verwachsen die beiden Partner miteinander.
Abschließend wird der Pfropfkopf einschließlich der kleinen Schnittfläche am Kopf des Reises sorgfältig mit Baumwachs verstrichen. Es müssen alle Stellen, die mit Luft in Berührung stehen, mit Baumwachs verstrichen werden, damit sie nicht austrocknen. Der Sicherheit halber überprüft man die Veredlungen eine gute Woche

später, denn gelegentlich entsteht durch den starken Saftdruck am Pfropfkopf eine Wasserblase, so daß der Baumwachsbelag nicht mehr völlig abschließt. Dann muß die schadhafte Stelle erneut mit Baumwachs abgedichtet werden. Um dies zu vermeiden, kann man den Pfropfkopf unmittelbar vor dem Veredeln mit einem Wundverschlußmittel (Spisin, Bayleton u.ä.) verstreichen und nur die eigentliche Veredlungsstelle und den Kopf des Reises mit Baumwachs. Sollte das Baumwachs nicht genügend streichfähig sein, stellt man die Dose in eine Schüssel mit warmem Wasser.

Veredlungsübungen

Der Veredlungsvorgang hört sich in der Beschreibung komplizierter an als er ist. Deshalb empfiehlt sich die Teilnahme an einem praktischen Kurs. Wichtig für den Erfolg ist vor allem der lange, glatte Kopulationsschnitt, der mit einem Veredlungsmesser mit rasiermesserscharfer Klinge erfolgen muß. Wer zum erstenmal veredelt, sollte diesen Schnitt mehrmals an Jungtrieben, die beim winterlichen Obstbaumschnitt anfallen, üben. Auch Weidentriebe sind dazu geeignet. Entscheidend ist, daß der lange Schnitt auf einmal gelingt und die Schnittflächen nicht verschmutzen oder mit den Fingern berührt werden.

Einige Wochen nach Austrieb des Edelreises den Bast durch Längsschnitte lösen und Pfropfköpfe freistellen, also im Frühsommer bis auf 30 cm unterhalb der Veredlungsstelle alle Jungtriebe wegschneiden.

Nachbehandlung der Pfropfköpfe

Bereits zwei bis drei Wochen nach dem Veredeln beginnen die Augen zu »schieben« und die Reiser schließlich auszutreiben, gelegentlich kann dies aber auch einige Wochen länger dauern. Wenn sich nach drei Wochen also noch nichts tut, nicht die Geduld verlieren, sondern weiter beobachten! Ebenso wichtig wie das eigentliche Veredeln ist die Nachbehandlung der Pfropfköpfe. Nach etwa fünf bis sechs Wochen wird der Bast, mit dem wir die Pfropfköpfe umwickelt haben, durch einen oder mehrere Längsschnitte gelöst. Andernfalls würde er bei dem nun beginnenden Dickenwachstum die Edelreiser einschnüren. Dabei wird der Bast aber nicht entfernt, da sonst das Baum-

wachs, mit dem die Wunden abgedichtet wurden, beschädigt würde.
Unterhalb der Pfropfköpfe kommt es infolge Wegnahme und Einkürzens vieler Äste – Abwerfen der Krone – zu starkem Neutrieb. Diese zahlreichen Triebe entstehen aus schlafenden Augen der ursprünglichen Sorte. Damit sie den Edelreisern nicht zuviel Saft wegnehmen, müssen sie in den kommenden Wochen mehrmals entfernt werden. Der Fachmann bezeichnet dies als »Freistellen der Veredlungen«. Ab Frühsommer schneiden wir deshalb bis auf etwa 30 cm unterhalb der Pfropfköpfe alle Jungtriebe weg. Die noch weiter unterhalb entstandenen kräftigen Triebe werden entspitzt oder waagrecht gebunden. Dadurch kommt der Saftstrom vor allem den Edelreisern zugute. Es wäre aber falsch, die Äste der alten Sorte von Jungtrieben völlig frei zu schneiden.
Der aus den Reisern entstandene Neutrieb bleibt im Sommer unbehandelt. Nur wenn auf stärkeren Pfropfköpfen zwei, drei oder vier Reiser aufgesetzt wurden, belassen wir nur den aus dem Reis auf der Astoberseite beziehungsweise an der Seite entstandenen Trieb lang, während wir die übrigen entspitzen. Dadurch wird ein Trieb – die Ast- oder Stammverlängerung – besonders gefördert, während die anderen von vorneherein untergeordnet werden; sie sollen lediglich der raschen Verheilung des Pfropfkopfes dienen.

Nachbehandlung im Winter

Im kommenden Winter schneiden wir die Äste bis auf 30 cm unterhalb der Pfropfköpfe frei, d.h. wir entfernen alle Triebe der ursprünglichen Sorte, die in diesem Bereich entstanden sind. Ebenso werden alle steilstehenden Triebe entfernt, die sich im Innern der Krone entwickelt haben. Andere, schwächere oder nicht ganz so steil stehende Triebe bringen wir in eine waagrechte Lage oder leiten sie möglichst nach außen ab, soweit wir sie nicht bereits im Sommer waagrecht gebunden haben. Auch jetzt wäre es falsch, alle Triebe der Unterlage, also der alten Sorte, zu entfernen. An den verbleibenden Trieben bildet sich vielmehr bald Fruchtholz, und es gibt an diesen Stellen bald besonders schöne große Früchte.

Zugäste ab Winter nach der Veredlung im Laufe von ein bis zwei Jahren entfernen (links). Je Pfropfkopf soll nur 1 Neutrieb die Fortsetzung übernehmen. Übrige Triebe waagrecht binden oder ableiten (rechts).

Je Pfropfkopf soll nur 1 Neutrieb die Fortsetzung übernehmen. Die übrigen aus den Edelreisern entstandenen Jungtriebe werden beim winterlichen Schnitt waagrecht gebunden oder auf einen tiefer stehenden seitlichen Austrieb abgeleitet, damit keine Konkurrenz zu den Leit- und Seitenastverlängerungen entsteht. Diese Triebe dürfen nicht angeschnitten, also eingekürzt werden, weil sie sonst erneut stärker austreiben würden. Sie fördern die rasche Wundverheilung an den Pfropfköpfen und bringen bedingt durch ihre weitgehend waagrechte Stellung die ersten Früchte der neuen Sorte. Meist blühen und tragen sie im 2. Jahr nach der Veredlung. Eingekürzt auf ein Auge nach außen wird jeweils nur der Trieb, den wir als Leitast- beziehungsweise Stammverlängerung vorgesehen haben. Mit diesen Trieben bauen wir nach den gleichen Grundsätzen wie bereits beim Erziehungsschnitt besprochen (S. 19) die neue Krone auf.
Die Zugäste werden nacheinander im Laufe von ein bis zwei Jahren entfernt. Man beginnt im Winter nach der Veredlung. Auch bei älteren Bäumen sollte nach drei Jahren keine Zugäste mehr vorhanden sein.
Bereits nach wenigen Jahren hat sich die Krone des umveredelten Baumes zur ursprünglichen Größe entwickelt. Er trägt jetzt Früchte der neuen Sorte beziehungsweise mehrerer Sorten wie auf S. 80 beschrieben.

Veredlungsarten während der Winterruhe

Neben dem Pfropfen hinter die Rinde, das erst erfolgen kann, wenn sich die Rinde löst, gibt es Veredlungsarten, die bereits ab Mitte Februar möglich sind. Sie erfordern allerdings mehr Übung.

Das Kopulieren

Dieses Verfahren kann nur angewendet werden, wenn annähernd gleich starke Partner vorhanden sind. Die Unterlage auf die aufveredelt wird, darf also – im Gegensatz zum ausführlich beschriebenen »Pfropfen hinter die Rinde« – nicht stärker sein als das Edelreis. Die Kopulation können wir deshalb nur anwenden beim Veredeln junger Bäume oder etwa bleistiftstarker Zweige.
Zum Kopulieren werden gut ausgereifte einjährige Triebe der gewünschten Sorten verwendet, die im Januar geschnitten und bis zum Veredeln in Erde eingeschlagen werden. Auch hier ist ein 4–5 cm langer glatter Kopulationsschnitt entscheidend für den Erfolg. Dazu nehmen

Beim Kopulieren mit Gegenzungen entsteht eine besonders innige Verbindung von Reis und Unterlage.

Rindenpfropfen

Kopulation

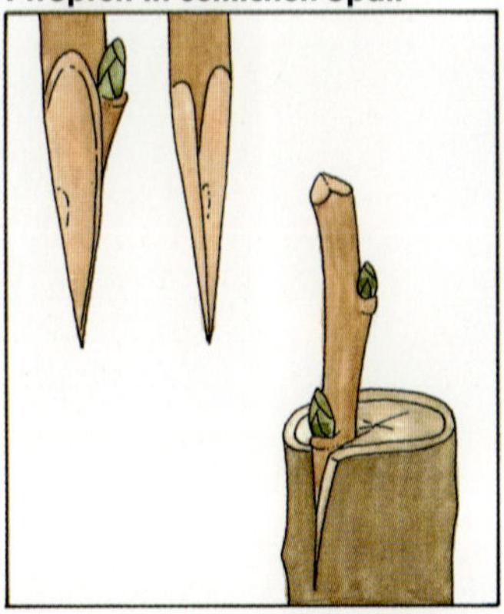

Pfropfen in seitlichen Spalt

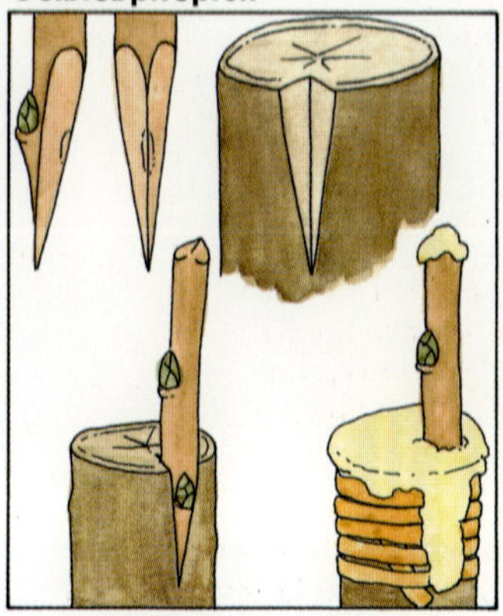

Geißfußpfropfen

Hier die für den Gartenfreund wichtigsten Veredlungsarten.

wir das Reis in die linke Hand, halten es vor die Brust, legen mit der rechten Hand die Klinge des Kopuliermessers an das Reis und führen einen langen ziehenden Schnitt aus. Dabei ist darauf zu achten, daß sich gegenüber der Schnittfläche, etwa in der Mitte, eine Knospe befindet. Wie schon beim Rindenpfropfen erwähnt, darf dieser Schnitt nicht zu kurz sein, weil sonst die Verwachsungsflächen zu klein sind.

Ähnlich wie beim Edelreis ist auch an der etwa gleichstarken Unterlage ein langer glatter Schnitt anzubringen. Um festzustellen, ob die beiden Partner zusammenpassen, brauchen wir nur die Schnittflächen aufeinanderhalten. Sollte die Unterlage etwas stärker als das Edelreis sein, muß darauf geachtet werden, daß wenigstens an einer Seite Kambium auf Kambium kommt, damit ein Verwachsen der beiden Partner erfolgen kann.

Anschließend wird ähnlich wie beim Rindenpfropfen mit Bast straff verbunden, aber so, daß das dem Kopulierschnitt gegenüberliegende Auge davon frei bleibt. Abschließend wird die Veredlungsstelle mit Baumwachs verstrichen.

Eine Verbesserung dieser Methode ist das Kopulieren mit Gegenzungen. Die Gegenzungen entstehen, wenn man mit dem scharfen Messer parallel zum langen Kopulierschnitt einen kürzeren Schnitt anbringt, so daß »Zungen« entstehen. Diese Schnitte führen wir beim Pfropfreis vom unteren bis zum oberen Drittel des Kopulierschnittes, bei der Unterlage dagegen vom oberen bis zum unteren Drittel. Edelreis und Unterlage werden anschließend so ineinander geschoben, daß die Kopulierschnitte aufeinanderliegen, wobei durch die Gegenzungen eine besonders innige Verbindung beider Partner entsteht. Auch hier wird abschließend mit Bast straff verbunden und mit Baumwachs verstrichen.

Sind die Veredlungen im Frühjahr nicht gelungen, so kann dies im August nochmals versucht werden. Veredlungsarten im Sommer sind das Pfropfen hinter die Rinde und das Okulieren.

Schärfen des Veredlungsmessers (oben links); folgende Bilder: Pfropfen in den seitlichen Spalt. Schnitte am Edelreis ... Öffnen des Spaltes ... fertige Veredlung vor dem Verbinden und Verstreichen mit Baumwachs.

Das seitliche Spaltpfropfen

Es ist schwieriger auszuführen als das Pfropfen hinter die Rinde, kann aber bereits ab Februar vorgenommen werden. Mit den Edelreisern gibt es zu diesem frühen Zeitpunkt keine Probleme, sie sind in jedem Fall frisch, außerdem sitzen die aus den Edelreisern entstehenden Äste beim Spaltpfropfen besonders fest.
Die Edelreiser erhalten bei dieser Methode nicht nur einen langen Kopulationsschnitt gegenüber einer Knospe, sondern zwei, die wir links und rechts von einer Knospe ausführen, so daß ein schmaler Keil entsteht.
Am Pfropfkopf wird mit dem Messer ein seitlicher Spalt angebracht, der von der Rinde nur so weit in den Holzteil hineinzureichen braucht, daß das Reis eingesetzt werden kann. Anschließend wird mit Bast verbunden und mit Baumwachs verstrichen.
Bei diesem Veredlungsverfahren sind alle Voraussetzungen die gleichen wie beim Pfropfen hinter die Rinde: die Krone wird, wie auf S. 82 beschrieben, während des Winters abgeworfen, es werden Zugäste belassen und auch die Nachbehandlung ist die gleiche. Lediglich der Veredlungszeitpunkt liegt früher. Die Äste können im Gegensatz zum Kopulieren wesentlich stärker sein als die Edelreiser.

Das Geißfußpfropfen

Diese Methode setzt viel Übung voraus und ist deshalb für die meisten Gartenfreunde wohl zu schwierig. Außerdem eignet sich das Geißfußpfropfen nicht bei älteren Obstbäumen mit dicker Rinde. Bewährt hat es sich bei Steinobstbäumen, weil es bereits ab Mitte Februar ausgeführt werden kann.
Am Pfropfreis werden zwei gleich lange Kopulierschnitte angebracht, die – ähnlich wie beim seitlichen Spaltpfropfen – im spitzen Winkel zueinander verlaufen müssen. Als Gegenstück dazu wird aus der Unterlage ein dreikantiger, nach unten spitz zulaufender Keil herausgeschnitten, in den das Edelreis hineinpaßt. Anschließend verbinden und verstreichen!
Auch dieses Verfahren eignet sich für alle Bäume, bei denen meist das Pfropfen hinter die Rinde angewendet wird, d.h. die Äste müssen stärker als das Edelreis sein. Vor- und Nachbehandlung wie beim Rindenpfropfen.

Der Birnwildling von S. 82–85 im 2. Winter nach der Veredlung. Es wurden 5 verschiedene Birnsorten aufveredelt, 4 davon haben im 2. Jahr danach geblüht und Früchte gebracht.

Besonderheiten beim Veredeln von Pflaume/ Zwetsche und Kirsche

Im Gegensatz zu Apfel und Birne, bei denen das meist angewandte Rindenpfropfen ziemlich problemlos gelingt, ist dies bei Steinobstbäumen nicht immer der Fall. Mehr Erfolg hat man bei den genannten Obstarten, wenn sie bereits frühzeitig, also bei geeigneter Witterung bereits ab Februar, veredelt werden. Zu diesem Zeitpunkt kommen allerdings nur das Pfropfen in den seitlichen Spalt, bzw. das Geißfußpfropfen in Frage oder das Kopulieren, wenn es sich um Zweige handelt, die veredelt werden sollen. Gelingt die Veredlung nicht, so kann sie ab April durch Rindenpfropfen bzw. im August durch Rindenpropfen und Okulieren wiederholt werden. Kirschbäume lassen sich außerdem sehr gut veredeln, wenn die Bäume in voller Blüte stehen oder sich bereits im Abblühen befinden. Die Bäume werden in diesem Fall unmittelbar vor dem Pfropfen abgeworfen, wobei ebenfalls ausreichend Zugäste stehenbleiben müssen.

Werden die Kronen aus zeitlichen Gründen bereits im Winter abgeworfen, so sollten die Astenden um etwa einen halben Meter länger bleiben als zum Veredeln vorgesehen. Sie werden erst unmittelbar vor dem Pfropfen auf die endgültige Länge nachgeschnitten, damit die Rinde gut löst.

Bei Steinobstveredlungen läßt sich des öfteren beobachten, daß sie zwar auszutreiben beginnen, später aber absterben. Dies ist vor allem der Fall, wenn zum Zeitpunkt der Veredlung warmes Wetter vorherrscht. Der beginnende Austrieb wird durch die im Reis eingelagerten Reservestoffe verursacht. Sind diese verbraucht bevor das Reis mit der Unterlage verwachsen ist, trocknet das Reis ein; es kommt zu keinem Austrieb. Dies läßt sich mit einiger Sicherheit verhindern, wenn wir die Reiser nach dem Veredeln mit Moos oder Papier umhüllen.

Sommerveredlung bei der Zwetsche: Propfen hinter die Rinde. Deutlich sind die Blattstielreste an den Knospen zu erkennen.

Veredlungsarten im Sommer

Süß- und Sauerkirschenbäume lassen sich vor allem im Sommer erfolgreich veredeln. Besonders die Zeit von Anfang bis Mitte August ist hierfür geeignet.

Pfropfen hinter die Rinde

Diese Methode ist ausführlich ab S. 86 beschrieben. Wir müssen das Pfropfen im Sommer durchführen, solange die Rinde noch gut löst. Besonders bei heißer, trockener Witterung ist diese Zeit oft recht kurz. Andererseits ist ein zu frühes Veredeln nicht möglich, weil sich die benötigten Reiser noch nicht genügend entwickelt haben. Für Sommerveredlungen werden nämlich Triebe benötigt, die sich vom Frühjahr bis zum Veredlungszeitpunkt gebildet haben und die gut ausgereift sein müssen. Die Bäume von denen die Triebe geschnitten werden, wählen wir nach denselben Kriterien aus wie zur Frühjahrsveredlung. Es sollen reichtragende Bäume der gewünschten Sorten sein mit licht aufgebauter Krone.
Damit die Wasserverdunstung nach dem Schneiden der Reiser möglichst eingeschränkt wird, schneidet man die Blätter bis auf 1–2 cm lange Stummel ab. Sofern nicht unmittelbar nach dem Schneiden der Reiser veredelt werden kann, bündeln wir die entblätterten Triebe, umhüllen sie mit angefeuchtetem Moos oder Papier und packen sie in Plastikfolie ein. So können sie kurzzeitig aufbewahrt und transportiert werden. Beim Veredeln selbst stellen wir sie in einen mit Wasser gefüllten Eimer, damit sie möglichst frisch bleiben.
Die Kronen der Bäume, die zum Umveredeln vorgesehen sind, werden ebenso abgeworfen wie auf S. 82 beschrieben. Nachdem das Abwerfen im Sommer aber unmittelbar vor dem Veredeln erfolgt, werden die Äste gleich auf die benötigte Länge zurückgesägt, d.h. sie brauchen nicht mehr nachgeschnitten zu werden, damit frische Pfropfköpfe vorhanden sind. Auch jetzt verbleiben einige Zugäste, um das Zuviel an Saftstrom »aufzufangen.« Der Veredlungsvorgang ist der gleiche wie beim Rindenpfropfen im Frühjahr (S. 86).
Das Verwachsen von Unterlage und Pfropfreis findet noch im Sommer statt, der Austrieb der Edelreiser erfolgt allerdings erst im nächsten Frühjahr. Sobald die Triebe im Spätsommer angewachsen sind, fallen die Stummeln der Blattstiele ab. Wir wissen dann: die Veredlung ist gelungen. Das Freistellen der aus den Edelreisern entstehenden Jungtriebe und der weitere Kronenaufbau erfolgt wie bereits ab S. 91 beschrieben.

Das Okulieren

Diese Veredlungsart wird vorwiegend angewandt, um Kronen von Pfirsichen und Aprikosen umzuveredeln. Ansonsten hat das Einsetzen von Augen (lat. oculus = Auge) im Obstbau wenig Bedeutung, während es in der Baumschule die wichtig-

Die Okulation gelingt, wenn man sie sorgfältig Schritt für Schritt ausführt.

Okulation: Auge mit flachem Schildchen ausschneiden ... Rindenflügel nach vorherigem T-förmigen Einschnitt abheben ... Auge samt Schildchen einschieben und mit Bast verbinden.

Okulation bei Apfel. Sobald das Auge angewachsen ist, fällt der Stielstummel ab.

ste Veredlungsart ist. Für den Gartenfreund ist das Okulieren, oder »Äugeln« außerdem von Interesse, wenn er Rosen oder Flieder veredeln will.
Okuliert wird von Juli bis Anfang September, hauptsächlich im August. Wir benötigen dazu gut ausgereifte einjährige Triebe, die in den Blattachseln bereits kräftige Augen ausgebildet haben. Diese Triebe werden wie beim sommerlichen Pfropfen hinter die Rinde bis auf 1–2 cm lange Blattstiele entblättert. Sie müssen sofort verwendet oder kurzfristig in feuchtem Moos oder Zeitungspapier aufbewahrt werden.

Beim Veredeln werden aus diesen Trieben die Augen mit flachen 3–4 cm langen Schildchen, jeweils unter einem Auge beginnend, ausgeschnitten (Okuliermesser). Die auf der Unterseite der Schildchen befindliche Kambiumschicht soll möglichst klein sein.
Okuliert wird auf nur etwa fingerstarke Zweige. Fehlen solche, wird der zur Veredlung vorgesehene Pfirsich-, Aprikosen- oder andere Obstbaum erst verjüngt, damit in 1–2 Jahren geeignete Triebe vorhanden sind. Etwa handbreit über den Ansatzstellen der Zweige, aus denen wir Äste der neuen Sorte ziehen wollen, setzen wir in geringem Abstand 2 Augen ein; am besten auf deren Unterseite. Dabei die Rinde mit dem Messer T-förmig einschneiden, die

beiden Rindenflügel mit der Messerklinge vom Holzteil abheben, Auge am Stielstummel halten und samt Schildchen einschieben. Schließlich den über den »Querbalken« des T-Schnittes herausragenden Schildchenteil mit einem Querschnitt entfernen und mit Bast verbinden: Mit dem Daumen der linken Hand oberhalb des »T-Balkens« das Bastende gegen den Trieb drücken, diesen hier zweimal umwickeln, dann den Bast spiralig nach unten bis über das Ende des Längsschnittes hinausführen, dort mit einer Doppelschlaufe abschließen und fest anziehen. Ein Verstreichen ist nicht nötig, da das Auge rasch verwächst.
Sobald der Stielstummel abgefallen ist, kann der Bast gelöst werden. Der Austrieb erfolgt im nächsten Frühjahr. Im Winter die veredelten Zweige handbreit über dem obersten angewachsenen Auge abschneiden und die an diesem Triebteil (Zapfen) der alten Sorte vorhandenen Augen entfernen. Edeltriebe am Zapfen anbinden, sobald sie Handlänge erreicht haben. Dadurch bekommen sie Halt und wachsen in die gewünschte Richtung.
Gegen Anfang August, wenn die Edeltriebe kräftig genug sind, Zapfen abschneiden und Wunden verstreichen. Aufbau der neuen Krone ähnlich wie nach dem Rindenpfropfen (S. 91).

REGISTER

Garten – ein immergrünes Thema

BLV Gartenbücher

Wolfram Franke
Faszination Gartenteich

Handbuch Garten
Das große Nachschlagewerk für alle Fragen der Gartenpraxis

David Joyce
Blütenpracht für jeden Winkel
Blumen in Ampeln, Körben, Kübeln, Schalen

Mary Keen
Gärten in allen Farben
Die schönsten Kombinationen in Blau, Rot, Gelb, Grün und Weiß

Christoph und Maria Köchel
Kübelpflanzen – Der Traum vom Süden
Wintergärten und Terrassen gekonnt gestaltet

Marie-Luise Kreuter
Der Bio-Garten
Der praktische Ratgeber für den naturgemäßen Anbau von Gemüse, Obst und Blumen

Marie-Luise Kreuter
Pflanzenschutz im Bio-Garten

Marie-Luise Kreuter
So entsteht ein Bio-Garten
Für alle, die anfangen und es richtig machen wollen

Paul Lesniewicz
Bonsai
Miniaturbäume

Herbert W. Ludwig u. a.
Erlebnis Gartenteich
Tiere beobachten und erkennen

Michael Lohmann
Das Naturgartenbuch
Grundlagen und praktische Anleitungen

Petra Michaeli-Achmühle
BLV Garten-Lexikon

Francess Perry
Ein Garten voller Düfte

Margot Schubert
Im Garten zu Hause
Margot Schuberts großes illustriertes Gartenbuch

Martin Stangl
Mein Hobby - der Garten

Christiane Widmayr-Falconi
Bezaubernde Gärten
Ideen und Anregungen aus Cottage- und Landhaus-Gärten zum Nachgestalten

Reinhard Witt
Naturoase Wildgarten
Überlebensraum für unsere Pflanzen und Tiere
Planung Praxis Pflege

BLV Gartenberater

Hendrik Nicolaas Cevat
Was fehlt denn meiner Zimmerpflanze?
Schäden erkennen und behandeln

Werner Funke
Der Obstgehölzschnitt
Obstbäume und Beerensträucher zweckmäßig schneiden und erziehen

Edgar Gugenhan
Bunte Gärten auf Balkon und Terrasse
Gestaltung, Pflege, Pflanzenauswahl

Kurt Henseler
Der Pflanzendoktor für den Hausgarten

Hugo Herkner
Rund um den Wassergarten
Gestaltung und Pflege, Pflanzen und Tiere

Karlheinz Jacobi/ Dietrich Mierswa
Gärtnern unter Glas und Folie
Kleingewächshäuser und Frühbeete, Bau, Technik, Nutzung

Marie-Luise Kreuter
Kräuter und Gewürze aus dem eigenen Garten
Naturgemäßer Anbau, Ernte, Verwendung

Günther Liebster
Freude und Erfolg im eigenen Gemüsegarten

Peter Hans Nengelken
Wintergärten und Überdachungen
Planen, Bauen, Bepflanzen

Wolfgang Rysy
Orchideen
Tropische Orchideen für Zimmer und Gewächshaus

Elisabeth Schmitt/ Karlheinz Jacobi
Der Garten im Jahreslauf

Martin Stangl
Freude und Erfolg im eigenen Obstgarten

Martin Stangl
Stauden im Garten
Auswahl, Pflanzung, Pflege

Christiane Widmayr
Bauerngärten neu entdeckt
Geschichte, Anlage, Pflanzen, Pflege

Dies ist nur eine Auswahl aus über 110 Titeln zum Thema.

In unserem Verlagsprogramm finden Sie Bücher zu folgenden Sachgebieten:

Garten und Zimmerpflanzen • Natur • Angeln, Jagd, Waffen • Pferde und Reiten • Sport und Fitness • Reise und Abenteuer • Wandern und Alpinismus • Auto und Motorrad • Essen und Trinken • Gesundheit

Wünschen Sie Informationen, so schreiben Sie bitte an:

BLV

BLV Verlagsgesellschaft mbH • Postfach 40 03 20 • 8000 München 40